KB090867

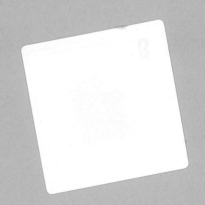

지구의 미래
TERRAFUTURA

Original Title : TerraFutura. Dialoghi con Papa Francesco sull'ecologia integrale.

©2020 Giunti Editore S.p.A., Firenze-Milano

www.giunti.it

©2020 Slow Food Editore S.r.l.

Via Audisio, 5, 12042 Bra(Cn)-Italia

www.slowfoodeditore.it

For the texts by Pope Francis published in the three dialogues and in the second
part of the work: ©2020 Libreria Editrice Vaticana

The credit of the photo is © Vatican Media

KOREAN language edition ©2022 by SungAnDang Publishing Co.

KOREAN language edition arranged with Giunti Editore S.p.A. through POP Agency, Korea.

지구의 미래

프란치스코 교황과 통합 생태론에 대해 이야기 하다

카를로 페트리니 지음 with 프란치스코 교황
김희정 옮김

& page

일러두기

• 성경 속의 인물과 장소에 대한 명칭은 2005년 한국천주교중앙협의회에서
  새롭게 번역한 성경에 기초했다.
• 이 책에서 다음의 문서는 교회 문헌 (ⓒ한국천주교중앙협의회, 2022) 일부를 인용했다.
- 프란치스코 교황 권고 「사랑하는 아마존」
- 프란치스코 교황 권고 「복음의 기쁨」
- 프란치스코 교황 담화 (2019년 제105차 세계 이민의 날 담화 "단지 이민만의 문제가 아닙니다")
- 요한 바오로 2세 교황 회칙 「사회적 관심」

차이가 조화를 이룰 때, 모두에게 아름답고 풍성한 통합이 일어납니다

천주교 서울대교구 염수정 추기경

프란치스코 교황께서 2015년에 반포한 회칙 「찬미받으소서Laudato si'」는 인류에 큰 울림을 주었습니다. '회칙'은 교황이 전 세계 신자들에게 전하는 최고 권위의 사목 교서를 말합니다. 예수님의 가르침을 현대 사회와 윤리적 문제에 비추어 해석하고 적용 원리와 방안을 제시하는 것입니다. 주로 신앙과 교리, 윤리를 다루지만 당대 인류 공동체에 큰 영향을 미치는 사안을 다루기도 합니다. 「찬미받으소서」가 그렇습니다.

「찬미받으소서」의 부제는 '공동의 집을 돌보는 것에 관한 회칙'입니다. 프란치스코 교황은 회칙을 통해 지구 생태계의 위기를 경고하는 한편, 이에 대처하기 위해 모든 인류가 새로운 삶으로 변화할 것을 촉구합니다.

이 회칙의 핵심은 '통합 생태론'입니다. 이는 정의의 새로운 패러다임이며, '공동의 집' 지구에서 살아가는 모든 피조물(하느님의 모상으로 창조하신 '인간 생태', 인간 공동체의 '사회 생태', 모든 생명체를 포괄하는 '환경 생태')이 긴밀히 조화를 이루고 존중하라는 가르침입니다. 교황님의 이런 통합 생태론적 관점은 경제와 과학기술 만능의 패러다임으로 지구 환경의 위기를 해결하려는 시도가 얼마나 어리석은지를 알려줍니다. 그리고 개인과 공동체, 자연이 조화를 이루는 삶을 실천하고, 지상의 재화를 가꾸고 보호하는 인식의 변화를 촉구합니다.

프란치스코 교황님과 카를로 페트리니의 만남은 이런 공통의 문제 인식에서 비롯됐습니다. 일관된 여정인 세 번의 만남을 통해 지구의 미래를 걱정하며 진솔하고 깊은 대화를 나눕니다. 그리고 '공동의 집' 지구를 지킬 수 있는 조화와 통합의 여정을 『지구의 미래』에 담아냈습니다.

변화는 언제나 작은 것으로부터 시작됩니다. 『지구의 미래』는 선의를 가진 개개인의 사소한 노력이 공동체를 변화시키고, 세계가 의미 있는 방향으로 발전할 수 있다고 말해 줍니다. 서로 다름을 인정할 때, 이타적인 삶을 살 때 모두가 공존하는 행복한 '공동의 집'을 이룰 수 있습니다. 차이가 조화를 이룰 때 모두에게 아름답고 풍성한 통합이 일어납니다. 이는 모든 생명체가 함께 살아가는 미래를 만들 수 있는 지혜와 힘이 될 것입니다.

ꝉ 염 수 정

우리가 사는 지구는 앞으로 어떻게 될 것인가?

가톨릭 영성심리상담소 홍성남 신부

"우리 자손들은 어떤 환경에서 살게 될 것인가?"

이는 지구에 살고 있는 사람이라면 누구라도 고민하는 문제다. 프란치스코 교황님 역시 누구보다 지구의 앞날에 대하여 깊은 고민을 하는 분이시다. 그렇기에 교황께서는 코로나 사태가 악화되어 가는 중에 전 세계인에게 메시지를 보내셨다. 우리가 지구에 대하여 감사하는 마음을 상실했음을 지적하시면서 위기 후 어떤 세상이 올지는 우리가 지금 이 시간을 어떤 마음가짐으로 사느냐에 달려 있다고 하신다.

교황님의 메시지에 더 현실적 해석을 붙여 볼까 한다. 인간은 스스로 만물의 영장이라고 하지만, 과연 그럴까? 인간은 지구에 빌붙어 사는 존재일 뿐이다. 지구의 입장에서 보면 인간은 더 가증스러운 존재다.

지구의 바다에 쓰레기를 버리는 것도 모자라서 핵 실험을 하고, 서로 간 집단 학살극을 벌여 지구를 피투성이로 만들고 있다. 지구의 입장에서 이런 인간들이 어떻게 보일까? 아마도 해충으로 보일 것이다. 그래서 코로나는 해충과도 같은 인간들에게 지구가 보내는 벌이라고 말하기도 한다.

만약 우리가 교황님의 메시지처럼 지구에 감사하고 서로를 존중하며 살지 않는다면, 앞으로는 더 큰 벌이 내릴지 모른다. 우리가 해충을 박멸하듯 지구가 우리를 박멸하려고 하는 종말의 날이 올 수도 있다. 그래서 현대인은 교황님의 메시지를 경청하고 그 의미를 깊이 새겨야 할 것이다. 우리의 후손에게 살기 좋은 지구를 남겨주고 싶다면 말이다.

지구와 맺어야 할
관계에 대한 배움

성필립보생태마을 원장 황창연 신부

2013년 3월 13일 266대 교황으로 선출된 프란치스코 교황님과 개인적인 인연은 없다. 교황으로 선출되기 이전부터 꽃동네 오웅진 신부님과 성가소비녀회의 자선 활동을 칭찬하셨고, 아르헨티나 부에노스아이레스 추기경으로서 한인 천주교회를 무척 사랑하셔서 항상 견진성사 집전을 해주었다는 훈훈한 이야기만 전해 들었을 뿐이다.

그후 2015년 9월 1일, 환경에 관심이 많았던 프란치스코 교황님은 세계를 변화시킬 원동력이 되는 위대한 회칙 「찬미받으소서」를 반포하셨다. 21세기가 직면한 세계적 문제점을 정확하게 지적하고, 환경 문제가 인류의 생존 문제이며, 가톨릭교회가 책임져야 할 사명임을 천명하는 내용이었다. 이에 맞춰 수원 교구에서도 연구를 위한 심포지엄을 열었고,

내가 주제 발표를 맡게 되었다. 프란치스코 교황님께 한 걸음 더 다가가는 기회였다.

『지구의 미래』는 프란치스코 교황님과 자칭 불가지론자인 카를로 페트리니의 대화 내용이 담긴 책이다. 읽어 내려가는 내내 급변하는 현대 세계를 깊은 혜안으로 풀어내는 교황님의 열린 마음에 고개를 끄덕이게 되고, 무릎과 이마를 '탁' 칠 정도의 깨달음을 얻었다.

책 도입 부분은 전문 지식이 없으면 조금 어려울 수 있지만 인내하고 읽어 나가다 보면 점점 흥미진진한 문제를 아주 쉬운 언어로 풀어낸다. 생물의 다양성과 아마존 이야기를 비롯해 화장품과 성형, 애완동물에 많은 비용을 쓴다는 것, 우리가 일주일에 신용카드 한 장만큼의 미세 플라스틱을 먹고 있다는 사실을 일깨워 준다. 그중 특별히 인상적인 내용은 어린 시절 추억과 연결해서 음식이 얼마나 큰 축복인지 설명해 주는 부분이다.

이 책은 상당한 지식과 객관성을 지니고 있다. 진보와 보수, 극우와 극좌, 선진국과 후진국, 환경과 통합 생태계를 나누지 않고 지구가 겪고 있는 문제를 심도 있게 다루었다. 그렇기에 인간이 지구와 어떤 관계를 형성해야 하는지 배울 수 있다. 우리 모두 『지구의 미래』를 통해 프란치스코 교황님의 메시지에게 흠뻑 빠져들기를 바란다.

제2부 ◇ 다섯 가지 주제

1장 환경의 균형과 인간의 생존을 위한 유산, 생물 다양성

2장 관계의 재화를 중심으로 한 새로운 도약, 경제

3장 사람을 형성하고 사회를 구축하는 지속적 여정, 교육

지구를 위한 대화

도메니코 폼필리

지구의 생태 위기는 기술과학 문명의 위기다. 그리고 우리 시대가 이룬 신화 가운데 하나인 발전에 대한 근본적 규탄으로 이어진다. 특히 발전 은 지구 남반구와 북반구의 격차를 더 크게 벌리고, 인간의 삶을 피폐하 게 만드는 결과를 낳았다. 그리하여 환경 문제는 우리 인류에게 큰 근심 거리가 되고 있다.

이런 상황에서 '우리 집에서 일어나는 그것'[1]을 규명하고자 하는 프란 치스코 교황의 제안은 중요하게 다가온다. 그는 근심의 뿌리에 있는 인 류학적·윤리적 성격을 띤 원인에서부터 분석을 시작해 현재의 성장 과 정에서 명백한 모순을 드러내는 현상의 문화적 기원을 밝히는 데 관심이

---

1   프란치스코 교황 회칙 『찬미받으소서』, 제1장, 한국천주교주교회의, 2015.

있다. 우리는 어떤 체계가 기울어지거나 쏠리는 이유를 경제 개념에서 찾는다. 즉 현재 언급된 문제는 대부분 그 자체에 한계가 없는 일직선 과정인 경제 발전의 개념과 관련이 있다고 생각한다. 하지만 사실은 그렇지 않다. 전염병의 대유행은 그에 대한 여러 근거를 제시하고 있다.

우리는 지금 윤리적 위기 가운데 있으며 주의 깊게 생각해 보면 영적인 위기도 겪고 있다. 인류가 믿어 왔던 것에 의문을 품고 있기 때문이다. 인간 사회와 자연환경 사이에 설정된 관계는 단순히 기술의 산물이 아니라 궁극적으로 인간이 선택한 가치에 따라 달라지는 대사 과정代謝過程 metabolic process에 해당한다. 사실 기술 자체는 응용과학이라고 할 수 있다. 모든 과학적 발견은 자연에서 이익과 자원을 최대한 이끌어내기 위해 언젠가는 기술 분야에서 활용되기 때문이다. 독일의 철학자 위르겐 하버마스의 견해에 따르면 기술과 자연과학은 항상 인간이 얻고자 하는 분명한 이익을 은밀히 추구하면서 유용성의 원칙을 절대로 배제하지 않는다.[2] 인간의 이익은 사회에 영감을 주는 근본적 가치와 신념, 즉 지배적인 문화적 지향을 기반으로 관리된다. 그래서 생태 위기를 온전히 기술적 사실로 해석할 수 없다는 점은 더 심각한 위기로 다가온다. 우리 '주변'에 있는 숲의 죽음은 우리 '안'의 영적이고 정신적인 강박증과 대응되고, 물의 오염은 삶에 대한 허무주의적 태도에 해당되기 때문이다.

---

2 위르겐 하버마스, 『인식과 관심 Conoscenza e interesse』, 라테르차, 바리, 1973, 280쪽. 하버마스는 이 책에서 '인식을 이끄는 관심'에 대해 설명하고 있다.

이처럼 인류가 비인간적 발전으로 미친 듯이 치닫는 이유는 무엇일까? 그 이유는 하나다. 바로 끝없는 지배 욕구 때문이다. 과학과 기술로 말미암아 획득한 모든 것은 권력을 확장하고 강화시키려는 정치적 욕망으로 즉시 전환된다. 따라서 성장의 개념은 오로지 양적인 것으로 이해된다. 이때 자원의 한계는 전혀 고려 대상이 아니며, 인류의 진정한 발전을 위한 질적 요구는 묵살되고 만다. 이런 상황과 반대의 경험을 배후에 둔 문화는 다르다. 아마도 더 구식일지 모르지만 그곳의 기준점은 단순히 성장이 아니라 균형이고, 인간과 자연은 아주 다른 관계를 가진다. 서양 문명은 문화와 자연 사이, 의식과 삶의 세계 사이에 일종의 이분법적 개념을 만들어냈을 것이다. 이런 이분법은 자연을 도구로 바라보게 만든다. 또한 자연을 인간의 삶이 이루어지는 거주지나 생태계, 생존과 생성의 구성적 차원이 아니라 인간이 자신의 지배권을 마구잡이로 행사하는 외부 대상으로 여기게 한다.

그러면 어쩌다가 이런 상황까지 오게 됐을까? 유대-그리스도교가 인간에 의한 자연 지배의 기반을 제공했을 거라는 견해가 있다.[3] 이런 주장에 대해 교회는 성경, 특히 창세기에 대한 이해가 부족해서 생겨난 오해라고 설명한다. 그리고 일종의 역사적 반증도 있다. "자식을 많이 낳고 번성하여 땅을 가득 채우고 지배하라"는 신성한 계율은 적어도 3,000년 전의 말씀이지만, 아메리카 대륙의 발견으로 시작된 유럽의 팽창주의는 불과 400년 전에 일어난 일이다. 따라서 자연 파괴를 불러온 원인을 다른 곳에서 찾아야 한다. 위르겐 몰트만은 그 원인을 정확히 현대성의 종교, 즉 현대인이 신이라는 생각에서 찾고 있다. 사실 현대 세계의 시작은 '자연 종말'의 시작을 의미하는데, 이는 경제적·기술적 이유뿐 아니라 르네상스 시대부터 부여된 신의 이미지 때문이기도 하다. 신의 개념은 신성한 전능으로만 집중되어 세상에 속하지만 세상으로부터 뚜렷하게 분리된다. 전능이 접근할 수 없는 초월성으로 이해되기 때문이다. 세상과 동떨어진 신의 이미지에서 신이 없어 보이는 세상이 부각되었고, 신성한 신비는 희미해지고 냉정한 자각이 몰아쳤다.[4] 완전히 고립된 신의 왜곡된 이미지는 인간이 세상의 주인이라는 생각에서 비롯되었다.

인간은 지식을 통해 세상을 지배한다. 베이컨의 말대로 "아는 것이 힘"이기 때문이다.[5] 그리고 데카르트가 그의 과학 이론서에서 밝혔듯이,

---

3 제이 라이트 포레스터와 카를 에이머리는 생태학적 논의와 관련해서 신학을 문제 삼았다. 포레스터는 그리스도교가 급격하게 성장한 종교라고 단언했다(『세계 역학World Dynamics』, 케임브리지, 1971). 또한 에이머리는 도발적인 제목의 책(『섭리의 종말. 그리스도교의 불행한 결과Fine della Provvidenza. Le disgraziate consequenze del cristianesimo』)에서 우리를 위협하는 재앙은 세상에 대한 인간의 무한한 지배를 드러낸 유대-그리스도교 사상의 그늘에서 형성되었을 것이라고 지적했다. "땅을 가득 채우고 지배하여라"(창세 1,28)는 말씀은 끊임없는 역동성의 시작일 것이다. 그 결과는 콘스탄티누스 시대 이후 현세 문제에 대한 교회의 개입 증가, 중세 교회의 농지 임대 통제, 칼뱅의 경제 윤리, 오늘날의 생산과 소비 윤리까지 이어졌다. 최근에는 비난이 다소 누그러졌는데, 20세기 후반부터 교황들의 사회적 권고가 활발해진 덕분이다. 이런 권고로는 요한 23세의 「지상의 평화Pacem in terris」(1963), 바오로 6세의 「민족들의 발전Populorum Progressio」(1967), 요한 바오로 2세의 「사회적 관심Sollicitudo rei socialis」(1987), 베네딕토 16세의 「진리 안의 사랑Caritas in veritate」(2009), 프란치스코의 「찬미받으소서Laudato si'」(2015)가 있다.

4 막스 베버, 『프로테스탄트 윤리와 자본주의 정신L'etica protestante e lo spirito del capitalismo』, 산소니, 피렌체, 1970.

과학과 기술은 인간을 자연의 주인이자 소유자로 만들었다.[6] 한편 16~17세기에 유럽의 사회·경제 체제의 격변과 함께 확립된 철학적 경향은 성경이 전하는 진정한 지평을 흐리고, 초월성의 이미지를 엄격하게 일신교적 의미로 축소하면서 우주와 인간의 분열을 촉진하는 합리적 근거를 제공했다.[7]

생태계의 재앙 앞에서 다음과 같은 의문이 생긴다. 우리는 자연의 주인이거나 존중받아 마땅한 자연의 대가족인가? 열대우림은 우리의 것이기에 마음대로 산림을 벌채하고 불태울 수 있는가, 아니면 지구는 우리 인간을 포함한 무수한 동식물의 터전인가? 지구는 '우리'의 환경이고 우리의 '행성'인가, 아니면 우리는 마지막에 도착해 많은 인내와 너그러움을 요구하는 손님인가? 교황 회칙 「찬미받으소서」의 제4장 '통합 생태

---

5 "프랜시스 베이컨과 르네 데카르트를 시작으로 '아는 것은 지배하는 것'을 의미한다. 인간은 자연을 지배하기 위해 권한 밖에 있는 자연을 알려고 한다. 자연을 이용해서 원하는 것을 얻고자 지배하려고 한다. 그것을 손으로 움켜잡고자 하는 것이다. 이해하기Begreifen - 개념화하거나 인식하기Begriff - 손에 쥐기im Griff. 소위 '기술과학' 문명의 근거는 지각 기관이 아니라 권력의 도구로 이해된다. 뉴턴의 세계관을 철학 개념에 표출한 이마누엘 칸트에 따르면 현대 세계에서 자연과학의 이성은 그 자체의 설계에 따라 생산된 것만 보고 자연이 그의 요구에 응하도록 강요한다. 인간의 이성은 무고한 증인들을 심문하는 판사처럼 자연을 대한다. 따라서 베이컨은 자연이 우리의 질문에 답하며 그 신비를 드러내느라 고문을 당한다고 지적했다." — 위르겐 몰트만, 『현대 세계의 계획 속 신Dio nel progetto del mondo moderno』, 퀘리니아나, 브레시아, 1999, 136쪽.

6 르네 데카르트, 『방법서설Discorso sul metodo』, 라테르차, 바리, 1965, 169쪽.

7 안토니오 아우티에로, 『환경 윤리는 존재하는가?Esiste un'etica ambientale?』; M. 마샤, R. 페고라로 편집, 『바젤에서 그라츠까지. 교회일치운동과 피조물 수호Da Basilea a Graz. Il movimento ecumenico e la salvaguardia del creato』, 그레고리아나, 파도바, 1998, 3-30쪽.

론'은 이런 의문에 대해 다음과 같이 명확하게 답한다. "139. 우리가 '환경'이라고 말할 때 이는 자연과 그 안에 존재하는 사회가 이루는 특별한 관계를 의미하는 것입니다. 그래서 자연을 우리 자신과 분리된 것이나 단순한 우리 삶의 틀로만 여기지 못하게 됩니다. 우리는 자연의 일부이며, 자연에 속하므로 (……) 환경 위기와 사회 위기라는 별도의 두 위기가 아니라, 사회적인 동시에 환경적인 하나의 복합적인 위기에 당면한 것입니다."

만약 인간이 구성적으로 '세상에 존재하는 요소'라면 인간의 발전은 자연과 맺은 올바른 관계에 달려 있다. 자연에는 다양한 존재 구조에 기반을 둔 고유의 질서가 내재하며, 자연을 구성하는 무수한 생명체는 서로 관련되어 있다. 그런 자연으로의 초대는 지구와 조화로운 관계로 돌아가는 것이다. 우리는 '목가적 향수'를 강요하진 않지만 무책임한 환경 재해를 인정하지 않는 자세로, 강력한 디지털 시대가 견인하는 탈공업화의 현실을 살피면서 어울림을 모색해야 한다. 통합 생태론의 대역적 차원은 이런 문제에 대한 새로운 사고와 새로운 접근을 요구한다. 다시 말해 엄격하고 포괄적인 지식 유형인 새로운 에피스테메(Episteme, 시대를 지배하는 인식이나 과학적·학문적 지식—옮긴이 주)가 필요하다.

이와 관련하여 프란치스코 교황과 카를로 페트리니의 대화는 진행 중인 역사적 과정에서 인간화를 보장할 수 있는 마지막 호소처럼 본질적 '내면의 차원'을 제시한다.[8] 우리는 지금까지 구축해 온 것과는 다른 세상을 꿈꾸게 하고 갈수록 더 소중한 사회적 유산이 되는 지식의 형태(지혜라는 말이 더 적절함)를 계발해야 한다.[9] 그래야만 피할 수 없는 세계화 과정을 윤리와 지혜로 다스릴 수 있을 것이다.

한편 윤리적 차원은 단순히 좋은 감정이나 필수적 전제이기도 한 개인적 신념에만 기초할 수 없다. 예측할 수 없는 인간관계의 얽힘에서 발생하는 지속적인 위험과 뜻밖의 문제를 의식하고 역사적 사건에 대한 현실주의 시각을 표출해야 한다. 게다가 윤리적 이성은 과학이 연구할 수 있거나 해야 하는 요인, 법칙, 장치를 밝히려고 할 때 도덕적 규범과 가치를 유효한 방식으로 정의해야 중재하고 통합하는 역할을 수행할 수 있다. 윤리적 요구는 학제 간의 공동 연구 활성화로 이어져야 하고, 각 과학 분야에서 관점을 제시하며 개인적·사회적 차원에서 각자의 임무를 확인

8   개발이 비록 필연적으로 경제적 차원을 갖기는 하지만 개발이 가능한 대로 세계의 많은 사람들에게 그들이 인간이 되는 데 필수적인 재화의 공급을 보장하여야 하기 때문에 개발은 그 차원에 국한되지 않는다. 만약 개발이 그 차원에 국한되고 말면, 그것이 혜택을 주어야 할 그 사람들에게 도리어 반역을 하고 나선다. 온전한 개발, 다시 말해서 '더욱 인간적'이고 남녀 인간들에게 그 경제적인 요구를 거절하지 않은 채로 진정한 소명의 차원에 머물게 할 수 있는 개발의 제반 특성은 바오로 6세에 의해서 묘사된 바 있다. 개발이 경제적인 것만이 아닌 이상, 인간의 총체성에 비추어서 보는 인간의 실제와 소명에 의거하여, 다시 말해서 인간의 내면적인 차원에 입각하여 개발을 측정하고 방향을 정하여야 할 것이다. — 요한 바오로 2세 교황 회칙, 「사회적 관심」, 28-29쪽.

9   현실에 대한 새로운 구상은 2020년 2월 2일(이탈리아에서 코로나바이러스가 이미 퍼지기 시작했을 때)에 발표한 주교대의원회의 범아마존 특별 회의 후속 프란치스코 교황 권고 「사랑하는 아마존Querida Amazonia」에서 제안되었다. 아마존 주교 시노드 (로마, 2019년 10월 6~27일)의 결정과 아마존 생태계를 돌보라는 교황의 권고는 지구 전반에 걸친 문제라는 점을 명심해야 한다. 우리는 아직 세계적인 유행병 아래 있기에 "모든 것은 연결되어 있다"는 사실과 인간은 고립된 개인이 아니라 관계 안에 있는 존재임을 더 쉽게 이해할 수 있다. 프랑스 경제학자 가엘 지로가 언급한 '생태학적 전환'을 예고하는 사회문화적 변화에서 인간의 방향성을 제시하는 교회 역할의 중요성이 강조된다.

할 수 있어야 한다. 끝으로 그런 면밀한 논의는 이론과 현실에서 대중의 호응을 기대하면서 모든 학자의 적절한 동의나 지지를 얻는 방식으로 검증되어야 한다. 이와 관련하여 (현재는 이탈리아 곳곳으로 확산된) 라우다토 시 공동체(Comunità Laudato si', '찬미받으소서'라는 뜻으로 지구 생태 문제에 대한 프란치스코 교황의 회칙에서 영감을 받아 발의된 자발적 시민 공동체—옮긴이 주)의 설립은 구체적 신호이자 실제 가능성이다.

선의를 가진 모든 사람과 모든 역량을 결집하지 않으면 인류의 삶을 바꿔주는 결정적 변화를 맞이할 수 없을 것이다. 그런 의미에서 프란치스코 교황과 카를로 페트리니의 대화는 세부적 통찰과 실리적 전망을 지향하는 만남이라고 할 수 있다. 두 사람은 지구와 그 미래에 깊은 관심을 기울인다. 이들은 신속하고 깊이 있게 결합한 만남을 통해서 지구의 삶을 위해 결연한 선택이 되는 생태론을 모색했다.

공존의 미래를 위해
공동체에 거는 희망

김희정

"교황님, 제가 불가지론자라는 것을 아시는지요?"

"경건한 불가지론자죠. 당신은 자연에 연민을 느끼는데, 그건 고귀한 태도입니다."

"경건한 불가지론자라니, 멋진 말입니다. 제 마음에 쏙 듭니다."

카를로 페트리니는 음식을 통한 작은 실천으로 세상의 변혁을 꾀하는 시민운동가다. 1986년 이탈리아 브라에서 시작된 슬로푸드 운동의 창시자이며, 테라 마드레 네트워크와 미식과학대학을 설립하고 토리노 국제 음식 박람회를 기획하는 등 식량 공동체 운동을 주도하고 있다.

불가지론자이자 전 공산주의자, 미식가인 페트리니는 전통적이고 보수적인 세계관의 상징인 로마가톨릭교회의 교황과 세 차례 만났다. 서로 다른 배경과 경험으로 신앙과 세속을 대표하는 두 사람의 대화에서 물꼬가 된 것은 고향의 음식과 가족, 어린 시절에 대한 향수였다. 공감을 불러일으킨 따뜻한 기억을 시작으로 서로를 물들이는 진지하고 솔직한 대화가 전개되었다. 그들은 지구 생태계의 위태로운 상황과 환경 문제를 논하고, 진정한 화합과 대화의 중요성을 피력하고, 소비주의 문화와 이기적인 세태를 걱정하고, 포퓰리즘 현상과 정치 현실을 비판했다. 여러 주제의 이야기가 오갔지만 그 대화의 중심에는 '세상의 모든 것은 서로 연결되어 있다'라는 통합 생태론이 있다. 통합 생태론은 만물의 근원적 유대를 전제로 한다. 즉 자연은 통합적이고, 우리는 자연과 분리될 수 없는 일부라는 의식에서 출발한다.

프란치스코 교황은 2015년 6월에 공동의 집을 돌보는 것에 관한 회칙 「찬미받으소서Laudato si'」를 발표하면서 오늘날 위기를 극복하기 위한 기본 방향으로 통합 생태론을 제시했다. 회칙의 이름은 아시시의 프란치스코 성인의 기도 〈태양의 찬가〉에 나오는 후렴구 "저의 주님, 찬미받으소서"에서 인용했다. 교황은 프란치스코 성인이 가난하고 버림받은 이들을 돌보며 통합 생태론을 기쁘고 참되게 실천한 가장 훌륭한 모범이라고 소개한다. 보편성을 지향하는 생태·사회 회칙은 발표되자마자 전 세계적으로 큰 반향을 불러일으켰다.

교황은 「찬미받으소서」가 녹색 회칙이나 환경 문서가 아니라 피조물 보호에 바탕을 둔 사회적 회칙이라고 명시했다. 그리고 "정의 없이는 생태가 없고, 열악한 환경에서는 형평성이 있을 수 없다"라고 강조했다. 이는 생태론과 사회 정의가 깊이 연관되어 있기에 똑같이 중요한 하나의 목표로 삼아야 한다는 점을 분명히 하는 것이다.

이 책의 제2부에서는 우리 시대의 다섯 가지 주요 쟁점인 생물 다양성, 경제, 교육, 이민, 공동체에 대해 다루고 있다. 페트리니의 날카롭고 깊이 있는 고찰과 교황 권고 「복음의 기쁨Evangelii Gaudium」(2013), 「사랑하는 아마존Querida Amazonia」(2020)을 비롯해 교황이 특별한 기회나 자리에서 발표한 문서가 번갈아 가며 실렸다. 이로써 교황과 페트리니의 담화는 사회적 정의를 실천하고 인류와 자연이 공존하는 미래를 모색하는 장으로 확대되었다.

두 사람은 인간과 생태계의 현실을 직시하면서 이 위기를 극복해 나갈 주체로 공동체에 희망을 건다. 역사가 증명하듯, 인류는 정체성과 연대감으로 뭉친 공동체의 헌신과 용기로 어려운 시기를 이겨낼 수 있었다.

한편 라우다토 시 공동체는 회칙 「찬미받으소서」에서 영감을 받아 설립된 시민 공동체다. 회칙이 발표되고 3년이 지난 2018년부터 여러 분야의 다양한 사람이 통합 생태론의 개념을 실현하기 위해 자발적으로 모여들었다. 이들은 자연과 올바른 관계를 맺으며 공동의 유산을 보호하고 사회적 불의에 맞서는 활동을 일상에서 펼치고 있다.

라우다토 시 공동체 발의에 앞장선 도메니코 폼필리 주교는 선의를 가진 모든 사람의 역량이 집중되어야 인류의 삶을 바꾸는 혁신이 가능하다고 강조했다. 페트리니는 개인의 좋은 실천이 고결한 변화를 일으킬 수 있다고 확신한다. 이와 관련하여 프란치스코 교황은 청소년들과 청년들의 운동을 관심 있게 지켜보고 있다. 주변부에 머물러 있던 젊은이들이 적극적으로 의견을 표명하고 구체적 행동에 나서는 것은 긍정적 진전이라고 평가했다. 또한 교황은 노인과 청년 사이의 대화가 매우 중요하다고 했는데, 노인은 번영의 문화와 더불어 많은 것을 잃은 젊은 세대에게 뿌리에 대한 이야기를 들려줄 수 있기 때문이다. 따라서 세대 간의 배움과 가르침이 오가고 모두가 힘을 모아 사회적 책임을 실현하는 공동체의 역할이 중요하다. 가정과 지역을 기반으로 하는 다양한 공동체를 중심으로 생태적 삶을 모색하고 구체화하는 적극적인 노력이 필요할 것이다.

최근 종교계와 시민사회단체는 「찬미받으소서」 반포 7주년을 앞두고 지속 가능한 세계 공동체와 미래를 만들기 위한 자세와 계획을 새롭게 다지고 있다. 뿌리에 대한 기억을 간직한 지혜로운 두 노인의 대화가 지구 환경과 그 구성원을 돌보는 실천의 길에 굳건한 정신적 힘이 되어 주리라고 기대한다.

2022년 3월
김희정

우리 시대 몇 가지
주요 쟁점에 대한 고찰

카를로 페트리니

2013년 9월 13일, 업무차 파리에 머물고 있을 때 모르는 번호로 전화가 걸려왔다. 전화를 받자 상대방이 말했다. "저는 프란치스코 교황입니다." 그 뒤로 우리는 얼떨떨한 가운데 가슴 벅찬 감동에 사로잡혀 이야기를 나눴고, 가상의 포옹으로 대화를 마쳤다. 사실 일주일 전에 나는 교황님께 편지를 썼다. 그가 즉위 직후 첫 사목 방문으로 시칠리아의 람페두사를 찾아 지중해 노선 난민들과의 연대를 표명한 이후였다. 그러나 전화기로 그분의 목소리를 들으리라곤 전혀 생각하지 못했다. 우리는 땅과 생태, 음식, 종교와 관련된 이야기를 했다. 우리의 할머니들에 대해, 피에몬테 농민의 지혜에 대한 이야기도 나눴다. 전화 통화를 마치면서 우리는 곧 만나기로 약속했다.

그날의 첫 통화 이후로 여러 차례 편지가 오갔고, 나는 리에티 교구의 주교인 도메니코 폼필리와 '라우다토 시' 공동체 설립을 발의하기에 이르렀다. 이 공동체는 교황 회칙 「찬미받으소서」의 초석인 '통합 생태론'의 개념을 실현하기 위해 여러 분야의 다양한 사람이 모인 자발적이고 다원적인 집단이다. 우리는 교황님을 직접 찾아뵙는 자리에서 계획을 말씀드렸고 곧바로 동의를 얻었다.

우리 두 사람은 지극히 다른 배경과 경험을 가졌지만 잠깐 사이에 서로를 알아보았다. 불가지론자와 교황, 전 공산주의자와 가톨릭 신자, 이탈리아인과 아르헨티나 사람, 미식가와 신학자. 그 첫 만남에서 대담집이 나올 수 있으리라는 기대감이 생겼고, 이 책에 담긴 내용은 3년 동안 세 차례의 만남을 통해 풀어낸 대화의 결실이다. 우리는 그 만남을 새롭게 정리하지 않고 그대로 싣기로 했다. 그것의 역사적 입지를 유지하며, 발생한 순간의 성과로 두기 위해서다. 세 차례에 걸친 대화는 우리 시대의 몇 가지 주요 쟁점을 가볍지만 경솔하지 않게, 진지하지만 심각하지 않게 살피고 있다. 대화에서는 개별적이지만 일관되고 관련성 있는 고찰을 통해 각 사안에 대한 심층적 논의를 접할 수 있을 것이다. 모쪼록 좋은 독서가 되길 바란다.

---

*   이탈리아판 편집자 주: 라우다토 시 공동체는 지진으로 참사를 겪은 아마트리체에서 통합 생태론을 실천하는 국제 단체 '미래의 집, 라우다토 시 연구센터' 건립을 제안했다. 책의 수익금은 지진으로 무너진 건물을 복구하는 구체적 목적을 이루기 위해, 남녀노소 모두가 성찰과 교류의 여정을 시작하고 교육 행사에 참여하고 혁신적인 훈련 과정을 밟기 위해 모이는 미래의 집 프로젝트에 쓰일 것이다.

제1부

세 번의
대화

TERRAFUTURA

1장

2018년 5월 30일
대화

카를로 페트리니 이 책을 드리려고 가져왔습니다. 호세 '페페' 무히카, 루이스 세풀베다와 함께 쓴 책입니다. 제목은 『무언가를 위해 살다 Vivere per qualcosa』입니다.

프란치스코 교황 감사히 잘 읽겠습니다.

페트리니 우리 세 사람은 각자 개성이 뚜렷하고 다소 특이한 면이 있긴 하지만 단번에 의기투합했습니다. 우리는 서로를 존중합니다. 개인적으로 더 나은 세상을 위한 운동과 투쟁에 인생을 바친 페페와 루이스 세풀베다를 존경합니다. 그들은 비범한 사람으로, 어떤 사건에도 굴하지 않고 항상 흐트러지지 않는 단단한 태도로 싸웠습니다.

교　　황　　페페는 훌륭해요. 아주 훌륭한 사람이에요. 때 묻지 않고 청렴하게 공직 생활을 했고, 평생 농부로 살았어요!

페트리니　　그는 대단한 사람이죠. 루이스 세풀베다 역시 훌륭한 사람입니다. 사람들은 가치 있는 삶이 무엇인지 물었고, 우리는 그 질문에 답하려고 노력했습니다. 우리에게 가치 있는 삶은 대의에 헌신하는 것입니다. 고단한 인생일 수 있지만, 그것은 진정한 행복의 원천입니다.

교　　황　　그래요. 감사하게 생각합니다. 자, 이번에는 제가 가져온 선물을 소개하죠. 이 책은 도미니크 볼통과의 대화 내용을 담았습니다. 프랑스어로 쓰였고, 이건 이탈리아어 번역판입니다.

페트리니　　감사합니다. 이탈리아판이 아주 멋지군요! 저는 프랑스판을 읽었는데 그 내용에 큰 감동을 받았습니다. 정말 좋았습니다.

교　　황　　저도 아직 이탈리아판은 읽지 못했어요. 그것이 나오기 전에 프랑스어로 읽었거든요.

페트리니　　프랑스어로 쓴 책은 다 읽었는데 아름다운 내용이 많았습니다. 특히 유머에 대한 말씀이 인상적이었습니다.

교　　황　　유머는 중요하죠!

페트리니 교황님은 너무 심각하게 생각하지 말고 우리 자신과 약점에 대해 웃어넘길 줄 아는 것이 중요하다고 자주 말씀하십니다. 특히 볼통과의 인터뷰 책에서는 인간에게 유머 감각은 은총에 가까운 것이라고 하셨죠.

교   황 나로서는 하느님의 은총과 맞닿아 있는 감각입니다. 하느님의 문턱에 있는, 인간의 가장 높은 상태라고 여깁니다. 어느 분야든 일정 수준에 오른 사람만이 유머 감각을 지닐 수 있죠. 이는 교황 임기 5년 차에 얻은 작은 깨달음이고, 앞으로도 유효하기를 바랍니다.

페트리니 토머스 모어의 '유머를 위한 기도'를 인용하셨더군요. 과도한 스트레스를 털어내고 웃을 힘을 하느님께 구하는 기도가 현대적이면서도 심오하게 여겨졌습니다. 불가지론자인 저에게 딱 맞는 기도더군요.

❖ ❖ ❖

페트리니 인터뷰에 귀중한 시간을 내주셔서 감사합니다. 오늘 우리가 나누게 될 대화와 최근 몇 년간 교황님이 발표하신 의미 있는 담화를 책으로 엮으면 좋을 거라는 생각이 듭니다. 이는 교황 회칙 「찬미받으소서」의 3주년을 기념하고, 교황님이 제안한 원칙의 이름으로 이탈리아를 비롯해 전 세계적으로 생겨나고 성장하는 라우다토 시 공동체에 힘을 실어주는 좋은 방법이 되리라고 봅니다. 라우다토 시 공동체는 공동의 집을 돌보기 위한 통합 생태론과 구체적 임무를 스스로 인식하는 자발적 집단입니다. 공동의 유산을 보호하고 사람들이 사회적 불의에 맞서도록 참여를 호소하고 있습니다. 이 인터뷰가 그들의 활동에 도움이 되었으면 좋겠습니다. 지금은 그 어느 때보다 적극적으로 참여하고, 힘을 한데 모으기 위한 장이 필요하기 때문입니다. 주변에서부터 작은 변화를 이끌어 내기 위해 우리는 만나서 힘을 모아야 합니다. 그래야 세계적인 변화를 일으킬 수 있습니다.

교   황   네, 네. 물론입니다.

페트리니   회칙 「찬미받으소서」에 대한 이야기부터 시작하겠습니다. 이 문서는 생태적·사회적 담론의 전망을 바꾸었고, 가톨릭교회의 사고를 지금까지 전혀 탐색되지 않던 영역으로 향하게 했습니다. 문서가 나오고 3년이 지난 시점에서 비신자들을 비롯한 각계에 미친 영향을 지켜보며 어떤 인상을 받으셨습니까? 모든 사람이 그 내용의 중요성을 이해하진 못하겠지만, 도덕적 관점에서 뒤로 물러설 수 없는 지점임에 분명합니다. 양심과 행동에 영감을 주는 출발점이 될 수 있는 특별한 힘을 지닌 문서입니다.

교   황   그 문서는 결정적 행동이었고, 이후에 무슨 일이 벌어질지 설명하는 적절한 계기가 되었다고 생각합니다. 먼저 회칙은 온전히 혼자 쓴 것이 아니라는 점을 말씀드립니다. 해당 주제에 대해 폭넓게 연구해

온 과학자들과 학자들이 논의를 명확하게 만드는 데 여러모로 도움을 주었습니다. 신학자들과 철학자들도 대단히 가치 있는 조언을 해주었습니다. 저는 그 모든 자료를 바탕으로 구성하고 정리하는 마지막 작업을 했습니다. 그러므로「찬미받으소서」는 많은 사람의 힘을 모아 탄생한 결과물입니다.

그 작업을 마치기 얼마 전에 스트라스부르를 방문했습니다. 그곳에 당시 프랑스 환경부 장관인 세골렌 루아얄이 있었습니다. 올랑드 대통령이 자신의 대리인으로 그녀를 보냈는데, 그날 장관은 이 문서에 큰 관심을 보였습니다. 문서가 작성 중이라는 사실은 알려졌지만, 공동의 집과 사회 정의에 대한 일부 주제만 공개된 상황이었습니다. 그녀는 제게 "그러니까 이런 주제들에 대해 쓰고 계신 거죠? 이건 정말 중요합니다. 큰 영향을 줄 것이고, 많은 사람이 기다리고 있습니다."라고 말하더군요. 그날 저는 이 문서의 중심적 역할과 여기서 다루는 주제가 얼마나 중요한지를 실감했습니다. 그 당시에는 이런 선풍적 관심을 불러일으킬 줄 몰랐는데, 이 방향으로 기대감이 커지고 강한 목소리가 터져 나오리라는 사실을 알게 되었습니다.

이후 작업은 순조롭게 진행되었고, 회칙이 발표되고 나서 인류의 선을 걱정하는 많은 사람이 그것을 읽고 그 내용에 동조하면서 활용하고 논평하고 인용하는 것을 보았습니다. 거의 보편적으로 받아들여졌다고 생각합니다.

페트리니 교황님은 시간이 지나면서 환경 문제에 대한 관심이 개인적인 차원에서도 성숙되었다고 말씀하십니다. 우리가 통화하고 일주일 뒤인 2013년 10월 1일에 제게 보내신 편지를 기억합니다. 교황님은 전 세계 170개국의 6,000개 공동체가 모인 농어민, 장인, 요리사, 연구자, 토착민과 목축민의 조직인 테라 마드레(Terra Madre, '어머니 지구'라는 뜻으로 슬로푸드 국제본부에서 펼치는 식량 공동체 운동―옮긴이 주)가 지구상의 창조물을 보호하고 구축하는 정신에 부합한다고 언급하셨습니다. 그리고 거의 2년이 지나 회칙이 나왔을 때, 2013년에 이미 교황님께 그런 계획과 관점이 있었을 거라고 생각했습니다.

교　황 2013년은 아니었습니다. 더 정확히 말하면 긴 여정을 거쳐 2013년에 시작되었습니다. 2007년 브라질 아파레시다에서 열린 제5차 라틴아메리카와 카리브해 주교회의에 부에노스아이레스의 주교로 참가했습니다. 그때 브라질의 주교들이 아마존이 처한 심각한 문제를 강하게 촉구했던 것으로 기억합니다. 그들은 위태로운 문제의 환경적·사회적 의미를 언급하면서 매번 그 화제를 피력했습니다. 저는 그런 태도에 짜증이 나서 "브라질 사람들이 설교로 우리를 미치게 하는군!"이라며 불만을 터트리기도 했습니다. 당시에는 주교회의가 아마존 문제에 관심을 가져야 하는 이유를 이해하지 못했습니다. 그래서 세계의 초록 허파의 건강을 염려하지 않았고, 그것이 주교의 역할과 무슨 관련이 있는지 이해하지 못했던 것입니다. 시간이 흐르면서 「찬미받으소서」 편집부는 콜롬비아와 에콰도르를 포함한 각지로부터 아마존 문제에 대한 관심이 필요하다는 요청을 계속해서 받았습니다. 그러나 저는 그 사안의 문제성과 절박함을 모르겠다는 이유를 들어 고집스럽게 외면했습니다. 2007년 이후 많은 시간이 흘렀고, 환경 문제에 대한 내 인식도 완전히 바뀌었습니다. 그 당시에는 깨닫지 못했지만 7년이 지나 그 문제에 대한 회칙을 쓰게 된 것입니다.

페트리니　멋진 이야기군요! 그런데 같은 이유로 일부 교회에서도 「찬미받으소서」의 내용을 더디게 받아들였다고 생각하시나요? 아니면 그저 제가 그런 인상을 받았던 걸까요?

교　　황　맞습니다. 사실입니다. 앞서 말했듯 처음에 저는 환경 문제를 이해하지 못했지만 이에 대해 공부하기 시작하면서 진실을 깨닫게 되었습니다. 그러므로 각자에게 이해할 시간을 주는 것이 옳다고 봅니다. 그럼에도 미래를 위해서는 서둘러 패러다임을 바꿔야 합니다.

페트리니　이제 다른 질문을 드릴까 합니다. 제가 불가지론자라는 것을 아시는지요?

교　　황　경건한 불가지론자죠. 당신은 자연에 연민을 느끼는데, 그건 고귀한 태도입니다.

페트리니 (웃음) 경건한 불가지론자라니, 멋진 말입니다. 제 마음에 쏙 듭니다. 교황님이 재임 기간에 쓰신 글과 담론을 보면 불가지론자, 더 넓게는 비신자들이 초월자를 존중해야 한다고 강조하시는데 저는 그 제안을 이해하고 충분히 동의합니다. 신앙과 세속이라는 두 세상은 계속해서 평행을 이룬 채 나아가면서 서로를 물들이고 진지하게 대화하기 위해 큰 노력을 기울인다는 인상을 받습니다. 그러나 우리가 직면한 사회적·환경적 큰 도전이 선의를 가진 모든 사람의 헌신과 노력을 요구할 때도 신자들과 비신자들 사이에서 대립과 독단적 행동이 드러납니다. 의도의 일치를 이루기가 불가능합니다. 어쩌면 이는 언어와 말의 문제일 수도 있습니다. 상호작용의 어려움을 보여주는 의미심장한 예를 하나 들어 보겠습니다. 2016년 교황님은 자비의 희년을 선포하셨습니다. 특별 희년은 뜻 깊은 행사이고 모두가 초대받았음에도 비신자들에게는 매우 미미한 일로 다가왔습니다. 자비는 온전히 가톨릭 세계에 속한 것이었고, 비신자들은 이 메시지의 문화적·정치적 가능성을 이해할 수 없다 보니 우리와 전혀 상관없는 무언가로 여겼습니다.

교　황　이는 베네딕토 16세 교황의 훌륭한 직관이었습니다. 그분은 아시시에서 열린 마지막 종교 간 만남의 자리에 불가지론자들도 초청했습니다. "그들은 우리에게 줄 것이 있기 때문입니다. 어떤 종교든 모든 신자는 불가지론자들의 소리를 외면해선 안 됩니다." 베네딕토 16세의 직관은 새로운 단계를 열었습니다. 새 국면이 자리를 잡고 완성되려면 시간이 걸리겠지만, 그 이후로 계속 추구되었습니다. 평형을 이룬 두 세계의 문제는 계몽주의 시대의 유산이고, 거의 3세기가 지난 지금까지도 우리와 함께하고 있습니다. 무엇보다도 세속성과 세속주의라는 두 개념을 구별할 필요가 있다고 생각합니다. 세속성은 건강한 접근이지만, 세속주의는 폐쇄적이고 유치한 태도입니다. 우리는 완전한 정교 분리를 승인한 계몽주의 관점을 가진 사람들의 후손입니다. 거기서 신앙은 추상적이고, 일반 대중은 신앙과 무관합니다. 그러나 이것은 사실이 아닙니다. 진정한 세속성은 초월하는 개방성을 지니고 있으며, 이는 분명한 사실입니다. 만약 그렇지 않다면 인간은 자신을 초월하고, 세상과 다른 사람에게 자신을 개방하고, 외부의 일에 몰두할 수 있는 가능성을 박탈당하게 됩니다. 연대의 모든 작품은 우리를 초월하여 나와 다른 사람으로 이끌지만 우리는 영역의 완전한 분리 안에서 성장했기에 소통에 대한 정신적 범주가 결여돼 있습니다. 이는 근본적 실수입니다. 초월자에 열려 있는 신자들도 엄연한 현실인 불가지론적 인본주의를 이해해야 합니다. 이런 상호 이해가 바탕이 되었을 때 대화가 가능해집니다.

페트리니 저는 대화의 가능성을 전적으로 확신하고, 지난 3년의 여정을 강하게 인식하고 있습니다. 「찬미받으소서」 덕분에 이런 것들을 논의하게 되었기 때문입니다. 솔직히 말하면 거기서 강력한 윤리적·도덕적 감성을 발견했습니다. 그렇다고 해도 다리를 놓아 연결하는 일은 쉽지 않아 보입니다. 따라서 우리의 라우다토 시 공동체가 이런 관점에서 제 기능을 다하기를 희망합니다.

교　황　무엇보다도 대화가 아주 중요합니다.「찬미받으소서」는 모두를 위해 쓰였기에 양쪽 모두가 공유해야 합니다.

페트리니　대화에 대한 예를 말씀드리면, 저는 회칙을 읽을 때 말의 윤리적 측면에 중점을 두었습니다. 그러나 깊이 생각하면 대화는 도덕적 선택이 아니라 문제를 해결하는 참된 방법임을 알 수 있었습니다. 지난 세기 중반 로마노 과르디니(솔직히 말하면 최근 몇 달만큼 신학 서적을 많이 읽은 적이 없음)가 정확하게 주장한 것입니다. 과르디니라는 인물에 매료되었습니다. 남보다 30년 앞서 이런 말을 했으니까요! 저는 대화가 방법이라는 사실을 깨달았습니다. 대화는 문화적이고 정치적이고 효율적인 방법입니다. 이에 대해 어떻게 생각하십니까?

교　황　대화는 주로 인간의 방법입니다. 과르디니는 제거해야 하는 무엇이 아니라 더 높은 차원에서 극복해야 하는 무엇으로 양극의 긴장을 바라보는 접근법을 실현하고자 했습니다. 다시 말해 차이와 갈등을 완화시키는 것이 아니라 오히려 부각시키면서 더 큰 선을 위해 극복하자는 것입니다. 과르디니는 대화가 일상화된 환경에서 성장했기에 이런 전망을 할 수 있었습니다. 이탈리아에서 태어난 그는 겨우 한 살이었을 때 가족이 독일로 이주했습니다. 따라서 가족의 문화는 독일의 문화와 섞였고, 그는 그곳에서 모든 교육 과정을 마쳤습니다. 그는 상반된 현실을 통합하기 위해 애쓰기보다는 긴장을 유지한 채로 더 높은 차원에서 갈등을 해결하고자 했습니다. 이것이 바로 그의 위대함입니다. 그의 내면에는 '대화'라는 수단이 깊이 자리하고 있었습니다.

페트리니 저는 당연히 교황님이 이탈리아의 정치에 관심이 없으실 거라고 생각합니다. 지금 이탈리아의 정치는 갈수록 모욕과 격렬한 공격이 오가고 있는데, 이는 정책이 아닌 개인을 겨냥하는 경우가 많습니다. 그러나 의회에서 정족수가 부족할 때 정당들은 해결책을 찾기 위해 협상 테이블에 앉아야 합니다. 이런 상황에서 끔찍한 소리를 퍼붓다가 대화를 나눈다는 것은 어려운 일입니다. 사실 우리는 한 회기 내내 이어지는 선거 운동과 정부의 협상을 지켜보고 있거든요!

교   황 사실입니다. 그런데 정치에 있어서 모욕은 미뉴에트(minuet, 17~18세기 유럽에서 유행한 사교춤 또는 그 춤곡—옮긴이 주)의 전주와 같습니다. 그들은 음악에 박자를 맞추다가 어느새 함께 춤을 춥니다. 정치는 이렇게 돌아갑니다. '파스타 소스'처럼 한데 뒤섞이죠!

페트리니 (웃음) 파스타 소스, 딱 맞는 표현입니다! 저는 에디지오니 산 파올로출판사를 위해 『회칙 읽기 안내서 Guida alla lettura dell'Enciclica』를 쓰고 나서 사제와 주교를 포함한 많은 가톨릭 신자와 대화하고 토론할 기회를 얻었습니다. 「찬미받으소서」 읽기에 대한 소견을 말해 달라는 요청에 저는 중점 요소 네 가지를 지적했습니다. 통합 생태론의 개념, 방법으로서의 대화, 가치로서의 생물 다양성, 마지막은 저를 가장 매료시켰던 개인의 긍정적 실천이 고결한 변화를 일으킨다는 것입니다. 이 '세속적'인 해석을 어떻게 생각하시는지요?

교　　황　순서에 상관없이 네 번째 요점부터 답하겠습니다. 이것이 왜 그토록 우리를 놀라게 할까요? 우리가 잊고 지내던 가치, 어쩌면 때로 멸시당하기도 하는 가치를 거론하기 때문입니다. 그 가치는 바로 정직입니다. 정직은 단순히 도덕적 문제가 아니라 인간의 가치입니다. 이는 사람을 진실되게 행동하고, 조화로운 분위기에서 살도록 합니다. 정직은 언제나 화합을 이루게 합니다. 개인이나 가족, 공동체의 정직한 모습은 항상 공감과 신뢰를 이끌어내기 때문입니다. 거기서 대화를 시도하게 되고 대화가 이루어지게 됩니다. 우리는 이따금 이런 생각을 합니다. '이 사람은 나와 생각이 다르지만 정직하다.' 정직함이 없으면 유효한 대화는 불가능합니다. 정직이 결여된 상황을 단적으로 보여주는 이야기가 있습니다. 사실 이 이야기는 이탈리아인의 부정적인 면을 풍자한 것이지만, 저는 이탈리아 혈통이기에 자신을 낮추는 태도로 거리낌 없이 말할 수 있습니다. 서로 경쟁관계인 대기업을 운영하는 사업가 9명이 있었습니다. 그들은 어떤 사안을 협의하기 위해 회의를 소집했습니다. 오랜 토론 끝에 공통된 의견을 도출했고 최종 합의서를 작성했습니다. 참석한 사람 모두가 문서를 읽고 그 내용에 동의했으며, 서명을 위해 문서가 인쇄되는 동안 허물없는 친구처럼 잔을 들고 건배했습니다. 이후 테이블에서 서명할 때 이탈리아인 사업가 두 사람이 테이블 아래서 다른 합의서에 서명하고 있었습니다. 이는 이탈리아인을 비난하기 위한 사례이기보다 부정직한 상황을 보여줍니다. 부정직함은 끌어당기거나 통합시키는 힘이 없습니다. 신뢰를 줄 수 없기에 그에 따른 보답도 얻을 수 없습니다. 반면 정직은 신뢰의 바탕이 됩니다. 정직을 바탕으로 나와 타인을 위한, 세상의 조화에 기여하는 사람이 되어야 합니다. 자연과 환경, 자신을 둘러싼 삶에 정직하지 않으면 사람들에게도 정직할 수 없습니다. 이타심이 없으면 정직도 없습니다. 이것이 네 번째 요점입니다.

페트리니 회칙의 이런 측면에 대해 사람들과 이야기하면서 개인이 변화의 능동적 주체가 될 수 있음을 인식하는 것이 매우 중요하다는 사실을 깨달았습니다. 그들이 소박하고 단순한 사람일지라도 말입니다. 교황님의 말씀 가운데 전등 끄기, 물 절약, 적절한 소비 등 사소한 것들의 중요성을 강조하신 구절이 있습니다. 소위 '고등 정책'에서는 개인의 이런 실천을 구식이고 하찮고 시시한 것으로 취급합니다. 그러나 이것은 변화의 기반이 되고, 모두를 위한 더 나은 미래가 자랄 수 있는 부식토 역할을 합니다. 우리는 이런 기치 아래 운동을 펼치고 있습니다. 처음부터 음식(슬로푸드)을 통해 우리가 사는 사회와 경제 체계를 근본적으로 바꾸고 세상을 바꿀 수 있다고 확신했습니다. 그리고 그 실천은 작은 것에서부터 시작해야 한다고 생각했으며, 지금까지도 그 생각에는 변함이 없습니다. 개인의 선택은 매일 전 세계적으로 영향을 미치지만 절대 중립적이지 않습니다. 자신의 먹거리를 정하는 것은 이런 선택의 일부이고, 강력한 변화의 장치이며, 생산적이고 경제적인 모델에 대한 보상을 뜻합니다.

교   황   작은 것들은 근원을 가리킵니다. 본당 사제들은 쓸데없이 켜져 있는 전깃불을 끄는 버릇이 있는데, 집착에 가까울 정도입니다. 왜 그럴까요? 사제들은 헌금이 어려움에 처한 사람들을 위해 사용되도록 지켜야 하기 때문입니다. 이는 다른 사람들과 조화를 이루면서 삶의 전반에 직접 관여하고 적극적 주체가 되고자 하는 것을 의미합니다.

자, 이제 앞서 당신이 강조한 다른 요소인 통합 생태론으로 넘어가겠습니다. 먼저 많은 사람이 생각하는 것과 달리 「찬미받으소서」는 녹색 회칙이나 환경 문서가 아니라는 것을 말씀드립니다. 그것은 오히려 사회적 회칙입니다. 사실 생태학에 대한 담화는 우리가 생태계의 일부라는 전제에서 시작됩니다. 당연한 말임에도 현실은 전혀 그렇지 않습니다. 전 세계적으로 가계 지출에서 음식과 의복 다음으로 큰 비중을 차지하는 것이 무엇인지 압니까?

페트리니   옷 다음으로…… 집인가요?

교   황   아닙니다. 세 번째는 치장하는 데 쓰는 비용입니다. 그게 뭐더라…… 아, 화장품! 전 세계적으로 화장품과 성형 비용이 세 번째로 많은 지출 비용을 차지합니다. 그리고 네 번째는 마스코트, 애완동물입니다! 이는 몇 년 전의 통계이지만 지금도 크게 다르진 않을 겁니다. 이상하지 않나요? 예를 들면 교육비가 보이지 않습니다. 이런 상황에서는 생태학적 접근이나 환경과의 새로운 조화에 대해 거론하기가 어렵습니다. 이런 것들에 많은 돈을 쓰는 세상에서는 결코 쉬운 일이 아니기 때문입니다! 이 시대를 특징짓는 근본적인 세속성은 우리를 인위적이고 덧없고 가벼운 아름다움을 추구하도록 이끕니다.

페트리니 소비, 소비하다, 소비하다…….

교   황 소비는 예측하고 통제하려는 소유욕입니다. 우리는 애완동물에게서 바라듯 명령에 따른 애정을 원하고, 답을 예측하는 방법을 알고자 합니다. 통합 생태론에 대한 담화는 이런 관점을 뒤엎는 것이자 인간과 환경이 분리될 수 없음을 말하고자 한 것입니다. 이 세상에 대한 강력한 항의입니다. 저는 신선한 파장을 불러일으켰던 배우 안나 마냐니의 일화를 기억합니다. 그녀는 성형 수술로 주름을 없애고 싶은지 묻는 질문에 "절대 아닙니다. 이 주름을 얻는 데 평생이 걸렸거든요!"라고 대답했습니다. 이는 자연의 아름다움을 이해하고 자연과의 유대를 깊이 깨달은 사람의 본보기라고 말할 수 있습니다. 자연은 통합적이고, 우리는 자연과 분리될 수 없는 일부이자 자연의 구성원입니다.

페트리니 이와 함께 주목할 점은 지구를 해치는 것은 우리를 해친다는 것입니다. 우리는 '지구를 구하기' 위해 자연을 존중해야 한다는 말을 자주 듣습니다. 때로는 잘못인 줄 알면서도 이 표현이 간과하고 있는 것은 어쨌든 지구는 우리와 함께 또는 우리 없이 계속될 거라는 점입니다. 지구는 변할 것이고, 적응하며 살아내기 위해 새로운 형태로 발전할 것입니다. 반면에 호모사피엔스종인 우리는 사라질 위험에 처해 있습니다. 우리는 이런 현실을 언급해야 하는데, 그러면 개인과 집단의 태도가 정말로 달라질 것입니다.

한편 우리는 매일 이와 관련한 예시를 충분히 보고 있습니다. 생태계의 불균형은 우리가 목격하는 대* 이주를 이해하기 위한 열쇠 역할을 합니다. 이주는 식민주의뿐 아니라 기후 변화, 사막화에서 비롯된 결과이기 때문입니다. 그러나 유럽에서는 그것을 이해하지 못한 채 벽을 쌓고 두려움과 불신을 불러일으킵니다. 또한 가난한 사람들 사이에서 불화를 조장합니다.

교　　황 저는 유럽에서 기승을 부리는 포퓰리즘을 우려의 시선으로 바라보고 있습니다. 1932~1933년 독일에서 일어난 메시아주의처럼 과거에 이미 경험했던 끔찍한 퇴행을 떠오르게 합니다. 그 경우 폭력적인 쿠데타 없이 국민의 투표로도 충분했습니다. 국민이 상식으로 둔갑한 대중영합주의 연설에 속아 넘어갔기 때문입니다. 포퓰리즘은 가짜 돈과 같습니다.

페트리니　그들은 눈앞의 욕구를 미끼로 삼아 사람들의 가장 천한 본능을 자극합니다. 그런 상황에 맞선다는 것은 결코 쉽지 않은 일입니다. 이런 의미에서 교육은 무분별한 표류를 막는 중요한 역할을 하지만 교육에 충분한 투자가 이뤄지고 있지 않습니다. 오늘날 이탈리아에서는 지식이 두렵고 경계해야 하는 무엇인 것처럼 이른바 '지식인'이라 불리는 사람을 의심 가득한 눈초리로 바라봅니다. 지식층과 대중은 서로 대적하는 별개의 집단인 양 그 사이에 보이지 않는 벽이 존재합니다.

교　황　당신은 통합 생태론에 이어 생물 다양성, 즉 세상의 풍성함을 중요한 요소로 꼽았습니다. 저는 여기에 전적으로 동의합니다. 생물 다양성은 환경의 균형을 만들어내고, 우리가 이 땅에서 살 수 있도록 하는 소중한 유산입니다. 일 년 전 빙하가 녹아내린 북극을 중국 선박이 횡단하는 사진을 보면서 환경의 비극을 다시 깨닫게 되었습니다. 점점 작아지는 얼음 덩어리 위에 고립된 북극곰의 사진을 통해서도 그렇고요. 우리는 평소 이런 것들을 잊고 삽니다. 그러나 지금도 멀지 않은 곳에서 이런 일이 벌어지고 있으며, 이와 관련된 예시는 며칠이라도 읊을 수 있을 정도입니다. 생물 다양성은 더없이 소중한 재산이지만, 우리는 현재의 생산 경제 모델로 그것을 파괴하고 있습니다. 인류와 전혀 상관없는 일로 여기며 관심이 없습니다. 이는 일 년 치 자원이 고갈되는 날짜가 매년 앞당겨지는 것만 봐도 알 수 있습니다. 2020년에는 7월이 될 것으로 예측했는데, 그 시점이 계속 빨라질 것입니다. 한편 바다를 위협하는 플라스틱과 해양생물의 다양성이 파괴되는 것 역시 매우 심각한 수준입니다.

페트리니　저는 라우다토 시 공동체가 플라스틱과 관련된 메시지를 전 세계에 보내면 좋겠습니다. 개인이 "나는 플라스틱, 특히 일회용품을 덜 사용하고 부득이하게 사용한 제품은 재활용할 것을 약속합니다"라는 결의를 다짐하고 선언하는 장면을 상상해 봅니다. 플라스틱 없는 세상은 상상할 수 없겠지만, 사실 우리는 매년 3억 톤의 플라스틱을 생산하고 그중 9%만 재활용하고 있습니다. 플라스틱이 상용화된 지는 그리 오래되지 않았습니다. 제가 어렸을 때만 해도 철제 욕조에서 목욕했으니까요. 처음 플라스틱이 나왔을 때는 은혜로운 물질로 여겼고, 그 당시에는 내구성 있는 소비재로 사용되었습니다. 그러나 오늘날에는 플라스틱의 절반 이상이 일회용입니다. 빨대를 예로 들면 이탈리아에서만 하루에 수백만 개의 빨대가 10초 동안 사용되다가 쓰레기통에 버려집니다. 이것은 비극입니다. 플라스틱은 화장품을 통해서도 먹이사슬에 침투하는데, 여기에 포함된 미세플라스틱이 바다로 유입되어 해양생물이 섭취하면 결과적으로 인간도 먹게 됩니다. 이는 엄청난 규모의 크나큰 재앙입니다. 생물 다양성과도 밀접하게 연관되어 있는데, 국제연합식량농업기구[FAO]에 따르면 지난 125년 동안 지구상에 존재하는 생물 다양성의 70%가 손실되었다고 합니다. 이는 대단히 충격적인 사실로, 그 속도가 사람들의 절대적 무관심 가운데서 늦춰질 기미를 보이지 않고 있습니다. 그럼에도 정직에 대한 교황님의 말씀을 마음에 새긴 채 우리 모두가 이 선언에 동참하고 변화를 위한 행동에 적극 나선다면 희망이 있을 거라고 생각합니다.

교　　황　저도 당신의 생각에 공감합니다. 바른말을 해봅시다. 그러니까 이기심, 즉 어머니인 대지를 착취하려는 생각과 싸워야 합니다. 어머니 대지는 위대하기에 자신이 원하는 것을 줘야 한다는 병적인 생각은 우리를 파국으로 몰아갈 뿐입니다.

페트리니　제가 속한 단체가 이런 의도의 선언, 개인의 약속을 선언한다면 어떨까요?

교　　황　좋은 일입니다. 그러나 모든 것은 음악에 달려 있지 않을까요? 당신은 선언문을 만들 수 있고 사람들이 그것을 받아들인다고 해도 그저 말로만 끝날 수 있죠. 대신 여기에 집단의식, 공동체 의식을 심어주고 참여시키는 음악과 같은 요소가 동반돼야 합니다. 선언문을 내고 서명하는 것으로는 충분하지 않습니다. 이는 양심의 가책만 덜어 줄 뿐 실제로 변화가 나타나지 않는 무의미한 말이 될 수 있습니다.

페트리니　그렇고말고요! 여기서 기쁨의 이성이 다시 솟아납니다. 울적하고 무거운 마음으로는 아무도 자신할 수 없습니다. 우리는 헌신과 참여의 즐거움을 다시 찾아내야 합니다. 앞서 말씀드렸듯이 이타적 헌신을 통해 개인의 행복도 실현되니까요. 저는 이에 대해 강한 확신을 갖고 있습니다.

교   황   물론입니다!

페트리니   두 가지 문제를 간단하게 언급할까 합니다. 사회성과 변화를 재건하는 도구인 공동체와 제가 큰 관심을 가진 토착민에 대한 주제입니다. 페루 사목 방문 때 교황님이 푸에르토말도나도에서 하신 말씀을 접하고 깜짝 놀랐습니다. 교회가 원주민의 문화와 정신을 그처럼 분명하게 인식하고 있을 줄 몰랐거든요. 그리고 교황님이 깊은 존경심을 가지고 그들과 대화를 나눈다고 느꼈습니다. 여기서 한 가지 묻고 싶은 것이 있습니다. 유구하고 뿌리 깊은 정신문화를 지닌 토착민과 대화하면서 크고 작은 시행착오를 거치지 않으려면 교회는 어떻게 해야 할까요?

교   황   푸에르토말도나도에서 그에 대해 말한 적이 있습니다. 교회는 무엇보다도 문화와 권리를 존중하면서 원주민과 대화해야 합니다. 그리고 그 이상으로, 가능하다면 원주민 문화와 일치하는 방식으로 종교 활동을 수행해야 합니다. 우리는 이 과정을 '토착화'라고 부르지만, 이는 문화식민주의 태도가 아닙니다. 우리는 모두 같은 방식으로 기도할 수도 있겠지만, 그렇게 한다면 인간적 생물 다양성이 파괴되고 맙니다. 특히 문화의 다양성을 해칩니다. 그래선 안 되죠! 누구든 각자의 문화에 맞춰 기도하고 성사聖事를 집행할 수 있습니다. 가톨릭교회에는 다양한 문화에서 생겨난 25개 이상의 전례가 존재합니다. 페루를 방문했을 때 '아마존 지역의 교회'가 필요하다고 말했으며, 이에 대해 큰 비판을 받았습니다. 일부는 이 견해에 대해 격렬하게 반대했는데, 논의를 거치면서 다행히 긴장 상태가 누그러졌습니다. 그리고 2019년 10월에 열린 범아마존 지역에 대한 세계주교대의원회의 특별 회의(이하 아마존 주교 시노드)에서는 아마존에서 시작해 전 세계로 향하는 주제를 논의했습니다.

예수회 소속 선교사들이 중국에 도착했을 때 마테오 리치와 그의 일행은 현지 문화로 깊숙이 들어갔습니다. 중국의 풍속과 관습을 연구했고 언어를 익혔으며 현지인처럼 입고 말하고 먹었습니다. 그러면서 그들은 중국 문화를 이해했고, 이런 과정을 거친 후에야 "복음이 이곳에서도 살 수 있다"라고 단언하면서 중국의 의식도 일부 받아들였습니다. 당시 로마에서 세상을 이해하지 못한 신학자들은 "중국의 영결식은 우상숭배다!"라고 말하며 반발했습니다. 그러나 실제로는 그렇지 않았습니다. 그것은 단순히 우리도 하는 것, 망자를 기리는 의식이었습니다. 우리가 지내는 11월 2일(위령의 날)과 마테오 리치 시대의 중국 풍습 사이에 본질적 차이는 없습니다. 그러나 교회는 이런 점을 이해하지 못했고 사실상 중국에서 복음의 문을 닫았습니다. 인도에서 선교 활동을 했던 로베르토 데 노빌리도 마찬가지였습니다. 신기하게도 리치와 데 노빌리 모두 이탈리아인이었습니다. 그래서 이탈리아인은 보편화하는 특출한 능력을 가진 것이 아닌가 생각하게 됩니다.

페트리니 그래요. 하지만 그들의 날개를 꺾은 것도 이탈리아인이었죠!

교　황 음, 균형을 맞추기 위해⋯⋯. (둘 다 웃음)

페트리니 저는 이 주제와 관련해 12년 전에 특별한 경험을 했습니다. 브라질 호라이마주에 간 적이 있는데, 거기서 콘솔라타 수도회의 선교사들이 야노마미족으로 구성된 현지 원주민 공동체를 위해 병원을 세웠습니다. 제가 사는 도시 브라에서는 콘솔라타 수도회의 이 사업을 위해 존경받는 마돈나 데이 피오리(Madonna dei Fiori, 꽃의 성모)의 이름으로 기금을 조성했습니다. 이를 계기로 우리는 슬로푸드 운동의 일환으로 이 사업에서 음식과 관련된 부분을 지원하기로 했습니다. 먼저 파스타가 제공되는 것을 막기 위해 애써야 했습니다. 파스타는 지역 문화, 환경, 아마존 열대우림과 관련이 없는 음식이기 때문입니다. 토착민의 대부분은 식물인 밀을 본 적도 없습니다. 가장 '재미있는' 경험은 선교사들에게 병원 이름에 대해 물었을 때입니다. 저는 마돈나 데이 피오리에게 헌정된 병원이 어떤 이유에서 예쿠라 야노Yecura Yano라고 불리는지 그 뜻을 물었습니다. "치유의 정신이라는 뜻입니다." "그럼 마돈나 데이 피오리는요?" "우리는 원주민들에게 꽃의 성모님을 설명하기 위해 여기에 있을 수 없습니다. 여기서 우리는 전도가 아닌 증언을 하고 있습니다. 중요한 것은 모두에게 필수적인 치료를 보장하는 것입니다." 이는 저에게 놀라운 가르침을 주었습니다. 강요하지 않고 살아있는 복음을 전하는 방식을 접했기 때문입니다. 그리고 얼마 후 그 선교사는 친척 집을 방문하기 위해 잠시 브라에 오게 되었습니다. 시민들은 그에게 브라에서 그곳으로 보낸 성모상이 잘 있는지 물었습니다. 저는 그 성모상이 창고에 보관돼 있다는 사실을 알고 있었는데, 시민들의 질문에 그는 재치 있게 대답했습니다. "여러분, 걱정하지 마세요. 저는 매일 성모님을 보고 있어요!" (둘 다 웃음) 저는 진정한 통합의 현장을 느낄 수 있었습니다. 선교사들은 다음과 같이 말했습니다. "누군가가 우리의 행동을 보고 가까이 다가온다면 우리는 그에게 설명할 뿐 전도하지 않습니다."

교　　황　맞아요, 맞습니다. 이는 2007년 브라질 아파레시다에서 당시 베네딕토 16세 교황님이 분명하게 말씀하신 것입니다. "교회는 전도로 성장하는 것이 아니라 이끌림, 즉 증언으로 자랍니다." 선임 교황님은 개종을 강요하는 전도 행위를 비난했습니다.

페트리니　네, 이는 획기적인 변화입니다!

교　　황　그래서 베네딕토 16세가 보수적이라는 말을 들으면 화가 납니다. 그분은 혁명적인 교황이었습니다. 그가 행하고 말한 많은 것에서 혁명가였음을 알 수 있습니다. 나이가 들어 직분을 내려놓아야 하셨지만 그런 점에서 매우 혁신적이었습니다.

페트리니　교황님은 아마존 주교 시노드가 '이종 문화 간'의 대화…….

교   황   물론입니다. 내가 아마존에 갔을 때 바티칸에 있는 누군가는 "어째서 교황은 거의 벌거벗고 사는 사람들과 함께 기도하는가?"라며 반발했습니다. 원주민이 매우 교양 있는 사람들이라는 사실을 이해하거나 받아들이지 못했습니다. 저는 다양한 민족의 원주민 열두 명과 점심을 먹는 특권을 누렸고, 이 경험은 각별했습니다. 그들 가운데는 대학교수도 있었고 학교장도 두 명이나 있었습니다. 그들은 학식을 갖췄을 뿐 아니라 전통과 좋은 삶에 대한 애착을 가졌습니다. 그들이 말하는 좋은 삶은 우리가 생각하는 것과 다릅니다. 그들에게 '잘사는 것'은 자신과 공동체, 자연과 조화를 이루며 사는 삶입니다. 반면 우리에게 좋은 삶은 달콤한 삶이지 않습니까? 관점이 다르죠.

페트리니   우리는 그런 문화와 정신에서 배울 것이 아주 많습니다.

교   황   그럼요. 우리는 그런 차이가 유지되도록 도와야 합니다.

페트리니   교황님께 여쭙고 싶은 마지막 주제는 공동체에 대한 것입니다. 몇 달 전에 칠레의 산티아고에서 프리초프 카프라를 만났습니다. 그는 오스트리아 출신의 미국 물리학자이자 철학자로, 훌륭한 지성인입니다. 그가 제게 이런 말을 했습니다. "카를로, 세계 정치를 보면 앞으로 공동체는 아주 중요한 주체가 될 거야. 정서적 안정감으로 크고 어려운 도전을 받아들일 수 있거든." 기본적으로 공동체에서는 용기 있는 결단을 내릴 수 있고 골치 아픈 도전에도 맞설 수 있습니다. 집단의 구성원은 실수하더라도 공동체의 지지를 받을 거라는 연대감과 정서적 안정감을 느낄 수 있기 때문입니다. 그리고 곰곰이 생각해 보면 인류 역사에서 가장 암울하고 어려운 시기에 위대하고 긍정적인 회생을 꾀한 것도 공동체였습니다. 한 가지 예로 중세 후기에 농업으로 유럽 전체를 부흥시킨 베네딕토회 공동체를 생각할 수 있습니다. 우리 단체도 라우다토 시 위원회라고 부르려다가 결국 공동체라는 이름을 택했습니다. 이에 대해 어떻게 생각하시나요?

교   황   얘기가 나왔으니 말인데, 위원회와 공동체의 차이가 무엇인지 아십니까? 소속 정도에서 차이가 있습니다. 위원회는 목적에 국한된 채 조직적이고 기능적이고 표면적으로 소속됩니다. 그와 달리 공동체는 완전하게 소속됩니다. '어떤 공동체에 속해 있다'라는 말은 자유롭지만 본질적으로 그것의 일부라는 의미입니다. 개인은 사회에서 그가 속한 공동체와 동일시됩니다. 소속은 정체성과 밀접하게 연관됩니다. 누가 한 말인지는 모르지만 '정체성은 소속감을 느끼는 것'이라는 정의가 마음에 듭니다. 자기정체성은 증발하지 않고 집단과 공동체에 녹아듭니다. 이것이 바로 소속입니다.

페트리니   우리는 그 점을 라우다토 시 공동체를 통해 경험하고 있습니다. 신자들과 비신자들의 화합은 새로운 주체를 만들어 나갑니다. 우리가 돌아다닐 때면 악마와 천사처럼 보이겠지만 모두 열정적입니다. 우리를 하나로 묶는 것이 결국 공동선임을 알기 때문입니다. 교황님, 감사합니다. 오늘 대담이 어떠셨습니까?

교 황 좋았습니다. 무척 편안한 시간이었습니다.

2019년 7월 2일
대화

카를로 페트리니   올해 10월에 아마존 주교 시노드를 소집하셨습니다. 지구의 초록 허파에 속한 8개국 주교들을 중심으로 하는 대규모 회의입니다. 아마존이라는 특정 지역에 대한 시노드를 개최하는 것이 처음이라고 들었습니다. 이 시노드에 어떤 기대를 걸고 계시는지요?

프란치스코 교황   파괴적인 영향력이 있기를 진심으로 바랍니다. 교회는 눈물과 도약을 통해 앞으로 나아가기 때문입니다. 역사의 어느 순간에 판을 엎고 열띤 토론을 불러일으키는 용감한 도약을 제안했고 그로 말미암아 반발, 어떤 경우에는 박해가 뒤따랐음에도 마침내 앞을 향해 한 발짝 나아갔습니다. 유익한 토론이 활발하게 이루어져야 하고, 생각과 열정이 흘러 통해야 합니다. 어쨌든 이것은 내 개인적 견해입니다.

페트리니　교황님의 견해에 전적으로 동의합니다. 지적 도약, 새로운 패러다임을 통한 생산적인 노력, 사고와 삶의 다른 방식이 절실하게 필요합니다. 그리고 오늘날 아마존은 역사적 위기의 순간을 상징합니다. 탐욕스럽고 무분별한 경제 체제 아래서 인류의 가장 든든한 버팀목 가운데 하나이고, 생물 다양성의 소중한 요람이자 생태계의 보물창고인 아마존이 위태로운 상황에 처해 있습니다. 아마존과 관련해 인류와 정치가 내리는 결정은 우리를 기다리는 미래, 세계가 궁극적으로 나아갈 방향을 제시해 줄 것입니다.

교　　황　최근 몇 주 동안 일부 기자와 시사평론가는 다음과 같이 말했습니다. "교황은 성직자가 부족한 아마존 지역에서 기혼 남성에게도 사제 서품을 허용하기 위해 시노드를 조직했다." 또한 일부 언론은 이것이 주요 의제인 것처럼 부각시키고 있습니다. 하지만 그럴 리가요! 아마존 시노드는 우리 시대의 주요 쟁점, 피할 수 없고 주목해야 하는 문제를 토론하고 대화하는 장이 될 것입니다. 이를테면 환경, 생물 다양성, 문화 적응, 사회적 관계, 이주, 공정과 평등이라는 주제를 갖고 말입니다. 교회는 이 복잡한 시대를 대변하는 주역이 되어야 하고, 불편한 역할을 도맡아 적극적으로 수행해야 합니다.

페트리니　교황님의 노고에 깊이 감사드립니다. 저는 이번 시노드에서 나올 문서와 결의안이 일 년 전 시작한 라우다토 시 공동체에도 성찰의 기회로 작용되면 좋겠습니다. 아시다시피 우리는 이질적이고 다양한 사람이 모인 공동체이지만 모든 인간에게 존엄하고 유망한 미래를 보장하기 위해 공동의 집을 보호해야 한다는 주제 아래 결정적 방향 전환이 필요하다는 생각으로 하나가 되었습니다. 교황 회칙 「찬미받으소서」는 우리 공동체의 탄생에 주된 영감이 되었습니다. 그리고 이번 시노드를 통해 변두리(서양에서 멀리 떨어진) 아마존에서 시작된 논의가 모든 사람이 숙고해야 할 문제가 된다는 점은 의미심장합니다. 결국 변화와 긍정적 도약은 항상 변두리에서 시작됩니다. 우리도 매일 테라 마드레 국제 네트워크를 통해 이런 사실을 확인하고 있습니다. 시노드의 준비 문서를 읽어 봤는데, 진정으로 아름다운 혁명이 되리라고 확신합니다. 지역의 모든 주교가 참석할 예정이죠?

교　　황　네, 모두 옵니다. 보수적 성향을 가진 사제와 주교도 일부 초대했습니다. 논쟁에서 다른 의견이 없다면 무익하거나 진척을 보이지 않을 우려가 있기 때문입니다. 선의를 지닌 지성인들의 충돌(대립이라는 말이 더 낫겠네요)은 성장을 가져온다는 강한 확신을 갖고 있습니다. 모두의 사고와 지혜가 필요한 자리이기에 보수주의자들의 진지한 생각을 듣고자 그들을 초대했습니다. 허심탄회하게 의견을 교환하는 멋진 자리가 되리라고 생각합니다.

페트리니　제가 옆에서 지켜본 바로는 조금씩 변화가 시작되고 있음을 느낍니다. 교회 내에서도 여기저기서 반응을 보입니다. 「찬미받으소서」의 뜻을 기리는 행사가 점점 많아지고, 통합 생태론의 개념을 알리려는 가톨릭 신자들의 적극적인 참여가 늘고 있습니다. 라우다토 시 공동체도 신자와 비신자가 미래의 문제를 함께 고민하면서 더디지만 널리 퍼져 나가고 있습니다. 처음에는 어려움을 겪었고, 사안의 긴급성과 중대성을 알리는 일이 쉽지 않았습니다. 그러나 몇 달 전부터 새로운 자극, 신자와 비신자 사이에서 통합이 일어나고 있음을 느낍니다. 이는 지난 대담에서 우리가 나눴던 얘기이기도 합니다.

교   황   인식의 과정은 시간이 걸리고 힘들지만 이 사안은 신자와 비신자, 성직자와 평신도 모두에게 영향을 미치고, 어느 누구도 예외가 없는 전 인류와 관련된 문제입니다. 이와 관련해 앞서 말했듯, 저는 「찬미받으소서」가 녹색 회칙이 아니라 사회적 회칙이라고 항상 명시합니다. 이 점은 즉시 구별되지 않고 누군가에게는 여전히 이해되지 않을 수도 있지만 큰 차이가 있습니다. 회칙은 고귀하지만 부족한 부분이 있는 환경주의 문서가 아닙니다. 여기서 우리는 공존의 모델과 미래, 이것을 구축하는 방법에 대해 이야기합니다. 우리가 사는 세상이 서로 연결되어 있고 겉보기에 번창한 것처럼 보이지만, 지금까지도 실현되지 않은 사회적 정의의 문제는 매우 심각한 상태입니다.

페트리니   저는 상황이 나아지리라고 확신합니다. 해야 할 일이 산더미

같지만 곳곳에서 고무적인 신호를 보내고 있으니까요. 이와 관련해 여쭙고 싶은 게 있습니다. 스웨덴 소녀 그레타 툰베리의 증언으로 전 세계 수백만 명에 달하는 청소년이 환경운동에 참여했습니다. 이를 어떻게 생각하시는지 궁금합니다. 개인적으로 대단히 중요하고 긍정적인 진전이라고 생각합니다. 얼마 전까지만 해도 공공의 삶에 관심이 없어 보였던 젊은이들이 거리로 나와 우리 영토의 환경과 풍경을 보호하려는 구체적 행동을 조직해 자신들의 의견을 표명하고, 통치하고 결정을 내리는 자들에게 원하는 바를 요구하고 있습니다.

교   황   그래요! 청소년들의 인식을 깨웠다는 측면에서 훌륭한 역할을 했다고 생각합니다. 지금까지 그들은 정치 참여와 논쟁에서 주변부에 머물러 있었죠. '우리는 미래다', '미래는 우리의 것이지 당신의 것이 아니다'라는 문구가 적힌 표지판을 든 소년들을 보았습니다. 그들은 이 문명과 이 시대가 부스러기만 넘겨줄 것이고, 지금 행동하지 않으면 앞으로 큰 곤경에 처하게 되리라는 점을 인식한 것입니다. 얼마 전 바티칸에서 어촌의 사제들과 젊은 어부들을 만났습니다. 그들 가운데 생계를 위해 작은 어선을 모는 7명의 청년 어부가 있었습니다. 그들은 지난 4개월 동안 바다에서 6톤의 플라스틱을 거뒀다고 말했습니다. 정말 엄청난 양이 아닐 수 없습니다. 우리는 바다에서 물고기보다 플라스틱을 더 많이 낚게 될 위기에 처해 있는데, 이는 젊은이들이 일상에서 겪게 되는 수많은 문제 가운데 하나에 불과합니다.

페트리니　우리는 작년 아마트리체의 포럼에서도 시기적절하게 플라스틱 문제를 내놓았습니다. 그곳에서 플라스틱의 무분별한 남용을 제한하는 일상의 행동 지침을 채택하기 위해 라우다토 시 공동체의 네트워크를 결성했습니다. 지금은 적어도 이런 점에 대한 관심과 의식이 커지고 있습니다. 올해부터는 이탈리아 해수욕장 시설에서 플라스틱 사용이 금지될 것으로 보이고, 코카콜라는 2020년부터 포장과 공급망에서 플라스틱을 완전히 없애고 싶어 한다는 말을 들었습니다. 이는 소비자들이 문제의 심각성을 인식하고 개선책을 요구하고 있다는 뜻입니다. 우리는 상상조차 할 수 없는 큰 규모의 재난에 직면해 있습니다. 시드니대학교는 우리가 매주 신용카드 한 장만큼의 미세플라스틱을 먹고 있다고 발표했습니다. 현재 플라스틱은 완전히 먹이사슬 안으로 들어왔고, 그 결과는 아직 확실치 않지만 걱정스러운 것이 사실입니다.

교　　황　저도 그 내용을 읽었습니다!

페트리니　자신도 모르게 일주일에 신용카드 한 장씩을 먹고 있다니, 정말 놀랍습니다! 그런데 교황님은 앞서 언급한 운동에 대해 긍정적으로 생각하시나요?

교　　황　물론입니다! 누군가는 그레타 툰베리가 다른 사람들에게 조종당한 거라고 말합니다. 이 점에 대해서는 잘 모르겠지만, 어쨌든 저는 관심 있게 지켜보고 있습니다. 그녀의 행동과 실천이 전 세계 수백만 명의 젊은이를 불러 모으고 환경운동에 참여하게 한다면 분명히 기쁘고 긍정적인 일이라고 생각합니다. 저는 청소년들의 반응에 관심이 있습니다. 그들은 미래와 함께 현재를 직시해야 합니다.

페트리니 게다가 그들은 68세대(1968년 당시 독재 권력과 권위적인 정치 체제에 맞서 대규모 저항운동을 주도했던 젊은 세대—옮긴이 주)와 비교해 건설적인 태도를 지녔으며, 시위만 하는 게 아니라 적극적이고 능동적으로 행동합니다. 사소한 것도 중요하다는 점을 깨닫고 이를 증언합니다. 개천을 청소하고 플라스틱과 전쟁을 벌이는 등 주도적으로 실천에 나서고 있습니다. 저는 그들을 '라우다토 시 세대'라고 부르고 싶습니다. 예를 들어 제가 사는 쿠네오 지역에는 한 달에 한 번씩 거리에 버려진 쓰레기를 치우면서 대중의 인식을 높이려는 무리가 여럿 있습니다. 그들의 행동은 아름답고 칭찬할 만한 것입니다. 저는 요즘 젊은이들이 개인주의라서 자기 이익만 생각한다는 말을 들으면 화가 납니다. 문제는 그들이 목소리를 내고 결정에 영향을 끼칠 수 있는 공간이 없다는 점입니다. 우리는 종종 새로운 세대를 위한 공간을 만들어야 한다고 말하지만 그저 말에만 그칩니다. 피에몬테 속담에 "만약 젊은이가 알고 늙은이가 할 수 있다면……"이라는 말이 있습니다. 저는 현재로선 그 속담이 반대가 되어야 한다고 생각합니다. "만약 늙은이가 알고 젊은이가 할 수 있다면"으로 말입니다. 우리 늙은이들은 환경 위기에 처한 지구촌의 위급함을 온전히 파악하지 못한 채 오래되고 낡은 패러다임에 매몰되어 있습니다. 그와 달리 젊은이들은 나아갈 방향을 분명하게 알고 있지만 체계를 바꿀 만한 도구가 없습니다.

교 황 젊은이들은 미래가 그들의 것이고, 변하지 않고 행동하지 않으면 죽음에 이르게 된다는 것을 알고 있습니다. 인도네시아의 교황 대사가 한 이야기를 들려드리겠습니다. 그는 얼마 전 배를 타고 군도의 섬들을 방문했습니다. 어느 섬에서 다른 섬으로 이동하던 중 바다 한가운데에서 물에 심은 것처럼 떠있는 코코넛 야자나무를 발견했습니다. 그는 처음 보는 낯선 광경에 동행한 사람들에게 어떻게 코코넛 나무가 바다에서 자랄 수 있는지 물었습니다. 그러자 그들은 최근 해수면 상승으로 물에 잠긴 섬에 뿌리가 단단히 박혀 있는 코코넛 나무라고 대답했습니다. 이곳에서 다 알 수는 없지만 이 모든 것은 다가올 미래에 대한 비관적 전망이 아니라 현재 진행 중인 일입니다.

페트리니 예고된 재난이었음에도 정치권에서는 잠자코 있습니다. 어이없게도 이런 문제는 신문의 앞장에 실리지 않고, 정치 토론에서 중점적으로 다뤄지지 않으며, 선거운동 중에도 중요한 이슈로 언급되지 않습니다. 모쪼록 젊은이들의 적극적 행동으로 이 문제가 하루빨리 세계적인 정치 의제로 부각되기를 바랍니다. 정치권에서 쓰는 수사학적 표현에 '그쪽이야말로whataboutism'라는 다소 이상한 말이 있습니다. 이는 어떤 문제의 심각성을 최소화하기 위해 더 시급하게 다뤄야 하는 절박한 과제를 강조하기 위한 표현입니다. 요컨대 행동에 나서야 할 일을 뒤로 미루기 위한 핑계입니다. 우리는 이탈리아에서 특히 기후 변화의 피해를 막기 위한 구체적 조치와 관련해 이런 술책을 부리는 것을 자주 목격합니다. 그들은 점점 더 확대되는 폐쇄성과 거부 정책에 반대하며 다른 길을 제시하는 사람들을 공상적 박애주의라고 비난합니다. 너그러움과 친절이 감상적인 발상으로 조롱당하는 상황에 어떻게 대응해야 할까요? 이것이 오늘날의 슬픈 현실입니다. 이주민과 난민을 받아들이는 것이 의무라고 말하면 국가의 문제를 이해하지 못하는 좌익 성향이라고 손가락질합니다. 이는 진보적 사고를 지지하는 사람도 마찬가지입니다.

교   황   자, 스페인 문학의 정수로 꼽히는 세르반테스의 소설 『돈키호테』에 나오는 일화입니다. 내가 보기에 이 상황에 대한 적절한 사례일 것 같습니다. 일화는 두 가지 형태가 있는데, 원래 이야기와 저처럼 조금 장난꾸러기들이 (웃음) 말하는 이야기가 있습니다. 책의 어느 이야기에서 돈키호테와 산초 판사가 어둠 속에서 말을 타고 가는데 멀리서 공격적으로 짖는 개들의 소리가 들립니다. 산초가 놀라 돈키호테에게 말합니다. "주인님, 개들이 크게 짖어 대며 우리를 공격하려고 합니다." 이에 돈키호테는 담담하게 대답합니다. "그건 우리가 말을 타고 있다는 증거일세." 원본과는 다르게 내가 더 좋아하는 이야기에서 돈키호테는 걱정하는 산초에게 단순하고 직접적으로 "그들은 개일세"라고만 말합니다. 상대의 공격은 우리가 옳은 일을 한다는 신호입니다. 그러니 반응하거나 겁먹을 이유가 없습니다. 오히려 구체적이고 긍정적인 몸짓으로, 자비와 연대로 대응해야 합니다. 여기에 사려 깊고 상세한 고찰이 동반되어야 합니다. 양계장의 닭들처럼 싸울 필요가 없습니다. 닭들은 서로 쪼아 공격하다가도 어느 순간 아무 일 없었다는 듯 살아갑니다. 그런데 일부러 이런 싸움을 거는 사람들이 있습니다.

페트리니 우리는 사실로 대응해야 합니다.

교   황   그렇습니다. 사실로! 그리고 직설적이고 단호하게 선언해야 합니다. 시노드가 그렇게 할 것입니다. 불필요한 언쟁은 피하면서 강력하게 진술하고, 분명하게 입장을 밝힐 것입니다. 저는 이 방법이 옳다고 생각합니다.

페트리니 전적으로 동감합니다. 싸움은 불필요합니다. 오히려 중요한 문제에서 다른 곳으로 시선을 돌리게 만듭니다. 그러면 모든 것은 소동으로 끝나버리고 말죠.

교   황   측근들이 종종 나에 대한 부정적인 소리가 들린다고 알려줍니다. 내가 더는 예전과 같지 않고, 바티칸에 집시들을 초대하고 난민과 이주민을 받아들여야 한다고 말하는 것 때문에 생각의 방향을 잃어 간다고 비난한답니다. 사실 그런 소리를 듣고 놀라거나 신경 쓰지 않습니다. 저는 초창기 사제, 주교였을 때 친척들을 만나기 위해 토리노를 방문했습니다. 그때도 이미 토리노가 이전과 같지 않다는 소리를 들었습니다. 도시가 먼저 남부인들, 그 이후에는 비유럽연합 사람들로 가득했기 때문입니다. 포르타 팔라초 시장의 이민자들을 보면서 도시가 순수성과 오랫동안 전해져 내려온 정신을 잃었다고들 말했습니다. 그때도 지금과 똑같이 증오의 눈길로 그들을 바라보았습니다. 단지 대상만 바뀌었을 뿐입니다. 공격과 전쟁의 대상이 되는 가난하고 소외된 누군가는 시대와 공간을 초월해 항상 존재하니까요. 그런데 이 폐쇄성은 어디로 이어지고 그 끝은 어디일까요? 우리는 아이를 낳지 않는 유럽에 살면서 강하게 문을 닫아걸려고 합니다. 수 세기 동안 지속된 이주의 역사를 잊은 채 지내고 있습니다. 유럽의 자녀들이 아메리카와 라틴아메리카, 오스트레일리아로 이주했고, 수년에 걸쳐 그곳에서 현재의 모습을 이루며 살아간다는 사실을 잊고 있습니다. 오늘날 몰아치는 포퓰리즘 열풍은 대중의 진정한 정신인 민중주의를 억압할 때 쓰는 방법입니다. 포퓰리즘은 대중의 견해나 바람과는 무관합니다. 오히려 대중의 영혼을 억압하고, 긍정적이고 고귀한 정신을 가두어버립니다. 정신은 없고 전술만 난무하는 정치 운동을 벌이고 있습니다. 대중이 자신의 정신과 영혼을 표출하는 것에서 민속 예술과 협동주의, 요리법, 대중 음악, 민중 철학은 생명력을 얻습니다. 이는 우리가 추구하고 되찾아야 하고 가치를 부여해야 하는 모습입니다. 포퓰리즘은 대중을 위한다고 말하지만 싸워야 하는 적을 지시하면서 오로지 권력의 이익을 위해 어려움에 처한 사람들의 충동을 이용하고 있습니다.

페트리니 그래서 가난한 사람들끼리 싸우도록 부추깁니다. 이는 현상을 유지하고 이미 많이 가진 자들을 더 부유하게 만들어주는 최고의 방법입니다. 다시 말해 권력의 고전적인 역학이며, 역사의 전 시대를 통해 확인할 수 있는 모습입니다. 그러나 우리는 너무 쉽게 잊어버리고 그것에 대처하는 저항력을 키우지 못한 채 매번 다시 쓰러집니다. 저는 수감 중인 브라질 전 대통령 룰라(Lula da Silva. 금속노동자 출신 정치인으로 2002년 대통령 선거에서 당선되어 브라질 최초 노동자 계급 출신 좌파 대통령이 되었고, 2006년 재선에 성공해 총 8년의 임기를 수행함 — 옮긴이 주)에게 교황님이 두 차례 편지를 보냈다는 사실을 들었습니다. 룰라가 무척 고맙게 여기고 그에게 큰 힘이 되었다고 합니다. 제 친구 도메니코 데 마시가 말해 준 이야기입니다. 그는 브라질에서도 널리 알려진 훌륭한 사회학자인데, 룰라를 면회하면서 편지에 대한 이야기를 나누었답니다. 특히 두 번째 편지가 각별했다고 합니다. 힘든 시기를 겪는 룰라에게 교황님의 편지는 큰 도움이 되었을 것입니다. 그리고 마침내 진실이 밝혀지리라고 믿습니다.

교　　황 저는 인간적으로 그와 가까운 사이입니다. 안타까운 사건이었습니다. 그를 계승한 지우마 호세프를 생각해 보세요. 집요한 수사 끝에 그녀는 대통령 자리에서 물러나야 했습니다. 저는 그들이 온갖 방법을 시도했음에도 그녀에게 어떤 혐의도 씌울 수 없었다고 생각합니다.

❖ ❖ ❖

페트리니　제 관심사여서 확신을 갖고 말씀드리면, 음식은 정서적 관계
뿐 아니라 다른 민족과의 문화 통합에서도 매우 중요한 요소라고 생각합
니다. 요리는 문화의 혼합화를 가장 잘 나타내는 본보기입니다. 요리법
에서는 순수성의 개념이 존재하지 않습니다. 예를 들어 이탈리아 요리의
상징은 흔히 토마토가 들어간 파스타라고 주장합니다. 그러나 자세히 살
펴보면 파스타도 토마토도 그 기원은 이탈리아가 아닙니다. 밀은 소아시
아에서 이탈리아로 들어왔고, 토마토는 아메리카 대륙 '발견'의 결실이
기 때문입니다. 저는 음식이 문화의 교량, 공통의 상상력, 우정과 강한
정서적 관계를 만들어내는 도구라고 믿습니다. 모든 문화에서 음식이 신
과의 관계, 영성과 초월성의 표현 등에서 중요한 역할을 한 것은 말할 것
도 없습니다. 저는 이에 대한 교황님의 생각을 듣고 싶습니다. 그리고 가
능하다면 1930~1950년 아르헨티나로 이주한 피에몬테 가족의 요리가
어땠는지도 자세히 알고 싶습니다. 그 당시 음식은 어떠했나요?

교　　황　아랍의 속담이 생각납니다. 성경에도 표현은 다르지만 비슷한
말이 있습니다. "우정을 쌓으려면 다량의 소금이 필요하다." 이는 관계
를 만들어 나가기 위해서는 여러 번 같이 식사하며 음식을 나눠야 한다
는 말입니다. 음식은 유쾌함을 선사하고 빵을 나누는 행위는 상징적인
의미를 지닙니다. 빵을 떼어 손님에게 먼저 주고 음식을 나누어 먹습니

다. 이런 의미에서 저는 당신이 한 말에 깊이 공감합니다. 그리고 오늘날 우리는 음식에서도 어떤 퇴보를 목격하고 있습니다. 이 풍요의 시대에 먹는 행위가 구경거리가 되고 걷잡을 수 없는 식탐을 부추기며 극단으로 치닫고 있습니다. 점심이나 저녁 식사에 수많은 접시가 나옵니다. 사람들은 종종 기쁨을 느끼지 못한 채 음식의 양에 압도되어 먹는 행위에만 집중합니다. 기본적으로 이런 태도는 이기주의와 개인주의의 표현입니다. 다른 사람과의 관계가 중심이 되고 음식은 수단이 되어야 하는데 음식이 주가 되기 때문입니다. 반면 식탁에서 사람을 중심에 두게 되면 식사는 가치와 문화의 통로가 되어 주는 최고의 행위입니다. 유쾌한 분위기를 만들고, 친교를 돕고, 좋은 관계를 맺고 유지하는 조건을 만들어줍니다.

페트리니 서로 다른 문화가 만나면 교류, 인식, 상호 성장과 신뢰가 생기고 새로운 문화가 탄생합니다.

교　　황　예를 들어 아르헨티나에서는 일요일이면 우리 집 식탁에 피에몬테의 전통 가정식 라비올리(ravioli, 고기나 생선, 치즈, 채소 등의 다양한 재료로 속을 채워 만든 네모 또는 둥근 모양의 파스타—옮긴이 주)가 어김없이 등장했습니다. 외할머니는 항상 40인분의 점심식사를 준비하셨습니다. 다섯 명의 아들에다 그 아내들과 자녀들이 있었기 때문입니다. 이따금 외할머니는 600~700개의 카펠레티(cappelletti, '작은 모자'라는 뜻으로 속을 채운 파스타의 일종—옮긴이 주) 파스타를 직접 손으로 빚으셨는데, 이는 사랑과 돌봄을 표현하는 그분의 방식이었습니다. 파스타에 이어 아르헨티나의 전통 요리인 아사도(asado, 소고기에 소금을 뿌려 숯불에 구운 요리—옮긴이 주)가 식탁에 올라왔습니다. 다른 전통이 혼합되었지만 그 식사를 불편해하거나 반대하는 사람은 없었습니다. 우리 집에서는 흔히 볼 수 있는 자연스러운 일이었습니다.

페트리니　실제로 아르헨티나 요리에는 이탈리아 이민자의 영향이 강하게 남아 있습니다. 어떤 경우에는 바다를 건너온 요리법이 그대로 유지됩니다. 여러 사람이 음식 주위에 모여 앉는 장면은 아름답기 그지없습니다. 이는 이민의 어려움을 잘 극복하기 위한 방법이기도 했을 것입니다. 아르헨티나의 여러 곳에서 피에몬테식의 바냐 카우다(bagna cauda, '뜨거운 소스'라는 뜻을 가진 이탈리아 피에몬테 지방의 전통 요리로 올리브오일, 엔초비, 마늘 등을 넣어 만든 소스에 다양한 채소와 빵을 찍어 먹음—옮긴이 주)를 여전히 요리해 먹는다는 말을 들은 적이 있습니다.

교　　황　그렇습니다. 특히 코르도바와 라파엘라 지역에서 자주 요리해 먹습니다. 피에몬테 공동체가 들여온 바냐 카우다는 새로운 땅에 뿌리내리고 토착화되어 이탈리아 혈통이 아닌 사람들도 전통 요리로 여깁니다. 부에노스아이레스에서도 이 요리를 맛본 적이 있습니다. 내가 그곳의 대주교로 있을 당시인 2010년에 『예수회원El Jesuita』이 출간되었습니다. 프란체스카 암브로게티, 세르히오 루빈과 나눈 대화와 인터뷰를 바탕으로 한 내 전기입니다. 그때 아르헨티나의 베르가나출판사는 이 책의 출간을 축하하기 위해 대형 바냐 카우다가 있는 파티를 열었습니다. 부에노스아이레스에 정착한 피에몬테 출신 요리사가 손님들을 위해 요리했는데, 그날의 요리는 내 개인 역사에 대한 일종의 경의였다고 생각합니다. 여하튼 바냐 카우다는 아르헨티나에서 매우 인기 있는 요리로 아스티나 쿠네오, 피에몬테 북부식의 다소 다른 조리법이 전해졌습니다.

페트리니 타야린(tajarin, 피에몬테 지방에서 만들어진 얇은 면발의 파스타로 반죽에 계란 노른자가 많이 들어가 노란빛을 띰—옮긴이 주) 파스타도 유명하죠?

교   황 그렇습니다. 타야린 파스타는 반죽을 칼로 얇게 썰어 면을 만들죠. 저는 친할머니와 외할머니, 어머니가 이것을 빚는 모습을 자주 봤습니다. 주로 일요일에 만드셨는데, 이 파스타도 특식 가운데 하나였죠. 할머니 두 분 모두 피에몬테 출신으로 저는 그분들을 통해 피에몬테 방언과 전통 요리를 배웠습니다. 한편 할아버지 한 분은 제노바 출신이었는데, 이유는 모르겠지만 스페인어로 말씀하셨습니다. 그래서 제노바 방언은 욕설만 배웠죠.

페트리니 그러니까 교황님의 할머니는 코르테밀리아, 랑게 지역 출신이었군요.

교　　황　　그렇습니다. 그러나 할머니는 젊을 때부터 토리노와 아스티에서 살았고, 문화적으로는 토리노 사람입니다.

페트리니　　사실 그럴 거라고 짐작했습니다. 제가 몇 년 전에 드린 책을 기억하실 겁니다. 그 책은 20세기 초에 찍은 한 시골 사제의 사진을 통해 아스티의 문화와 영토에 대한 이야기를 들려줍니다. 먼 이국 땅에서 현지의 재료를 이용해 고국의 요리를 재현하는 이민자들의 이야기가 무척이나 매혹적입니다. 그 이야기가 오늘날 이탈리아에서 일어나고 있습니다. 예를 들어 슬로푸드 운동을 같이하는 중국 출신의 한 친구는 자신의 레스토랑에서 지역의 식자재만 사용해 쓰촨성의 전통 조리법을 지키면서 요리합니다. 그리고 이주민 공동체들이 차츰 정착하면서 수요가 증가하자 그들이 살았던 지역의 전통 채소를 재배하기 시작했습니다. 이것 역시 모두의 성장과 농업 발전을 위한 멋진 과정입니다. 이런 식으로 피에몬테 농업에 새로운 기회가 창출되고 지식이 늘어나고 시야가 넓어집니다. 그리고 더 잘 먹게 됩니다!

교　　황　　그렇습니다. 아르헨티나에서 폴렌타(polenta, 옥수수 가루를 끓여 만든 이탈리아 서민 음식—옮긴이 주)를 만들기 위해 옥수수가 경작되었죠. 폴렌타는 거의 매일 점심때 먹던 주요 음식이었습니다. 팽팽하게 잡은 실로 잘라 먹었고, 남은 것은 저녁때 납작하게 눌러 화덕에서 데워 먹었는데 튀겨 먹으면 더 맛있었죠. 내 기억은 피에몬테 요리와 아르헨티나 요리의 결합 그 자체였습니다. 바냐 카우다는 단품 요리로 그것만 한 접시를 먹었습니다. 그런데 곰곰이 생각해 보면 올리브오일을 살짝 뿌린 베르미첼리 파스타도 곁들여 먹곤 했습니다. 소화를 돕기 위해서였죠. 나보다 더 잘 알고 있겠지만, 바냐 카우다는 지역마다 다르게 요리됩니다. 비엘라식은 마늘이 많이 들어가고, 아스티식은 크림이 들어가는 등 조리법이 약간씩 다릅니다.

페트리니 슬로푸드 운동이 탄생했을 때 그 선언의 요지는 '쾌락을 누릴 권리와 보장을 위한 운동'으로 정의되었습니다. 여기서 쾌락은 폭음, 폭식이나 풍요를 의미하지 않습니다. 절제, 적당함에 따라오는 기쁨을 뜻합니다. 교황님이 앞서 말씀하셨듯이, 폭식은 진정한 기쁨이 아니라 탐닉일 뿐입니다. 그런데 가톨릭교회는 피해야 할 무엇이라도 되는 것처럼 쾌락을 다소 꺼린다는 인상을 받습니다.

교　　황 이 말에는 동의하지 않습니다. 교회는 비인간적이고 문란하고 천박한 쾌락을 비난하지만 인간적이고 건전하고 도덕적인 쾌락은 언제나 받아들였습니다. 쾌락은 하느님으로부터 직접 내려옵니다. 그것은 가톨릭이나 그리스도교도 아니고 다른 어떤 것도 아닙니다. 그저 신성한 것입니다. 먹는 기쁨은 먹음으로써 건강을 유지할 수 있어야 합니다. 성적 쾌락이 사랑을 더 아름답게 하고 종의 지속을 보장하는 것과 같습니다. 당신이 말한 것은 편협한 도덕성, 이치에 맞지 않는 도덕주의입니다.

이는 그리스도교의 메시지에 대한 잘못된 해석에서 비롯됩니다. 먹는 기쁨은 성적 기쁨과 마찬가지로 하느님에게서 옵니다.

페트리니 그 두 가지 기쁨은 다른 한편으로 종의 생존을 보장하는 행위입니다.

교　황 그래서 하느님은 그것들을 아름답게 하시고 기쁨으로 채우셨습니다. 펠라기우스주의의 엄격성은 큰 해를 끼쳤습니다. 편협한 방식으로 쾌락을 거부했으며, 그 엄청난 폐단은 어떤 면에서 지금까지도 강하게 남아 있습니다.

페트리니 앞서 교황님은 아르헨티나 시절의 미식 경험을 들려주셨고, 우리는 그 기억의 순수성과 강렬함에 미소를 지었습니다. 이민자에게 폭력과 폐쇄만 내세우는 듯한 오늘날과 비교해 어떤 차이가 있다고 생각하십니까? 때때로 불통의 문제는 환대와 성공적인 융화의 좋은 측면을 알아보지 못하게 합니다. 심지어 이민자의 자녀인 젊은 운동선수들이 세계 스포츠에서 이탈리아의 위상을 높이는 멋진 일에 대해서도 종종 인종차별과 모욕, 불신과 의혹의 시선으로 대합니다. 어찌 보면 우리 모두가 갈수록 더 심술궂게 변하는 것 같습니다. '외국인'의 관습이 어떤지 알 필요가 없고, 그 '먼' 사람들과 지나치게 얽히거나 그들의 요구와 희망에 관심을 둬서는 안 된다고 여기는 것 같습니다. 이 문제와 정면으로 맞서는 사람은 소수이고, 유일하게 확고한 목소리를 내는 곳이 바로 가톨릭교회입니다. 아마존 주교 시노드를 위한 준비 문서에서도 그와 관련된 것을 광범위하게 다루고 있습니다. 여하튼 무엇이 바뀌었는지 이해하려는 노력은 가치가 있습니다. 현재의 현상은 인류의 구조적인 변화일까요? 우리는 공감과 친밀감을 완전히 잃어버린 걸까요?

교   황   저는 이것이 역사적 시기와 관련된 일시적 경향이라고 생각합니다. 지금은 자선과 친절이 배척당하고 상처를 입히는 이기주의가 팽배한 시기입니다. 과거와 비교해 무엇이 달라졌을까요? 내 생각은 과학적 분석이 아니라 순전히 경험에 따른 성찰이므로 정확하지 않을 수 있습니다. 저는 분명히 인류가 어느 정도 번영을 이루었다고 봅니다. 공장, 일, 풍요, 성장, 경제적 가용성은 환상과 착각의 부작용을 동반하며 우리 사회에 깊은 영향을 끼쳤습니다. 오늘날에는 우선순위가 바뀌었습니다. 우리는 여행을 떠나고 싶고, 집을 사고 싶고, 지금 문화에서 더 중요하고 우선시하는 다른 일들을 하려고 합니다. 번영은 모범을 훼손했습니다. 오늘날 은퇴자들은 퇴직 후에도 일에 대해 이야기하고, 젊은이들은 직책과 지위에 대해 말합니다. 모든 것이 변했습니다. 저는 한 가지 사례를 들어 설명했지만 이것이 보기 드문 일이라고 생각지 않습니다. 어떤 미래가 우리를 기다릴까요? 아이도 없고 이주민도 없다면 이 땅에서 무엇을 기대하며 살 수 있을까요?

페트리니　제 의견을 말씀드리면, 예전과 다른 요소는 유럽인들의 미국 이주가 가족 단위로 이루어진 반면 오늘날 아프리카나 아시아인들의 이민은 대부분 젊은이 단독으로 이루어진다는 겁니다. 그들은 가정을 꾸려야 하고, 확실한 기준점이나 난관을 수습할 정서적 은신처도 없이 대부분의 것들을 혼자서 해내야 합니다. 유럽의 이민은 문화와 생활 방식을 유지하게 하는 공동체의 관점에서 가족이 선택한 결과였습니다. 교황님이 말씀하셨죠. 아버지가 아르헨티나 이민을 결정했을 때 조부모님이 가족의 유대를 유지하기 위해 따르기로 하셨다고 말입니다. 아마도 여기에 오늘날과 다른 환대의 분위기가 더해졌을 것으로 보입니다.

교　황　맞습니다. 그러나 혼자 오는 사람은 동향인들과 공동체를 만들 기회가 더 많습니다. 예를 들어 여기 로마에는 필리핀 공동체가 있습니다. 여담이지만 신앙을 전하는 공동체이죠. 로마의 중산층 어머니들은 자녀의 보모로 필리핀 여성을 선호한다고 합니다. 영어를 사용할 줄 알아 아이들에게 가르치기 때문입니다. 그뿐 아니라 필리핀 여성들은 신앙심이 깊고 모범적인 태도와 행동으로 신앙을 전하기도 합니다. 신앙은 개념이 아니라 '실생활'로 전달되기 때문입니다. 부모들은 종종 신앙을 어떻게 전달해야 할지 몰라 힘들어 합니다. 그렇다 보니 필리핀 보모들은 가족이 할 수 없는 일을 합니다. 그리고 그들은 문화를 형성합니다. 최근에 저는 콩고 이민자들, 콩고 공동체의 여성들을 만나 멋진 체험을 했습니다. 그들은 고故 말룰라 추기경(Joseph Malula. 콩고 킨샤사에서 대주교를 지내며 아프리카 민중과 문화를 보호하는 일에 헌신했으며 1969년 추기경으로 임명 됨—옮긴이 주)이 원했던 협회를 결성했습니다. 그들은 자기 문화에 대한 확고한 인식을 지녔고, 의식과 감성을 유지하고 있었습니다. 콩고 공동체에서 드리는 미사는 정말 놀랍습니다. 노래와 춤, 색색으로 장식한 연회가 거의 네 시간가량 진행되니까요.

페트리니 이런 다양성은 유지되어야 합니다. 시민이 공존하기 위한 보석이자 소금 같은 다양성을 굳건하게 지켜 나가야 합니다.

교　황 다양성은 일치를 이루게 합니다. 신학에서 성령은 다양한 카리스마를 창조하지만 그 다양성으로 하나 되게 합니다. 인류도 마찬가지입니다. 차이가 조화를 이룰 때 모두에게 더 아름답고 풍성한 통합이 일어납니다. 이는 신학적 개념이지만 매우 인간적인 개념이기도 합니다. 이런 이유에서 저는 지금의 세계화에 반대합니다. 세계화는 다면적이어야, 즉 모든 민족이 고유성과 정체성을 유지해야 좋은 것입니다. 차이를 도려내는 건 아프기만 할 뿐 어떤 가치도 없습니다. 모두에게 엄청난 손실을 안겨줄 뿐입니다.

페트리니 여기서 농민과 전통의 지혜가 매우 중요한 역할을 합니다. 과학이나 고급문화에 비해 변변찮아 보이는 평범한 서민의 상식 말입니다. 제가 보기에 우리는 오랫동안 전통의 지식을 소외시켰습니다. 과학과 진보의 이름 뒤로 사라진 시대의 유산으로 치부했습니다. 민중의 문화는 학술적 연구와 다르게 표현되지만 세상에 대한 이해와 진리의 심오한 요소들을 담고 있습니다. 그러므로 두 세계의 대화를 재건해야 합니다.

교　　황　　오늘날 민중의 지혜는 어느 나라든 도시보다 시골에서 찾기가 더 쉽습니다. 로마 교구의 작은 마을에서 있었던 일입니다. 내가 혼인에 대한 자의 교서^{motu proprio}를 발표했을 때 토론이 벌어졌고, 그곳의 몇몇 사제도 주교와 논의를 시작했습니다. 그들은 문제를 정립하고 정의하려고 했으며 구체적인 대책을 세우려고 했습니다. 젊은 사제들은 무엇을 해야 할지 몰라 걱정스러워했는데, 어떻게 새로운 제도를 해석하고 신자들에게 설명할지 몰라 난감해했습니다. 그 토론에 세 곳 본당의 주임으로 있는 60대 사제가 참석했습니다. 그는 정의롭고 카리스마가 있으며 공동체 전체가 인정하는 도덕적 권위를 갖춘 인물이었습니다. 그런데 평소와 다르게 가만히 지켜보기만 했죠. 토론 내내 침묵을 지키고 있었습니다. 다른 사제들이 "왜 아무 말도 없으신가요?"라고 물었습니다. 그러자 그는 "나는 수년 전부터 이 지침을 실행해 오고 있습니다"라고 대답했습니다. 말하자면 사람들 사이에 있는 법을 아는 사람과 상식을 잘 활용할 줄 아는 사람의 지혜와 힘, 즉 민중의 지혜와 서민의 힘은 어떤 규정이나 규칙보다 앞서며 어떤 정책보다도 더 많은 성과를 냅니다. 그 사제는 앞서 나아갔고, 지시를 따를 필요도 없이 자연스러움과 상식에서 그렇게 행동하고 있었던 것입니다.

독일 태생의 유명한 아르헨티나 철학자 로돌포 쿠시는 철학에 늘 인류학을 동반한 지식인이었습니다. 쿠시는 제게 있어 대중의 정체성과 철학을 표현한 최고의 학자였습니다. 민중은 영혼과 지혜, 문화를 지닙니다. 그와 달리 포퓰리즘은 대중에 대한 식자층의 투영입니다. 포퓰리즘은 대중계몽주의의 산물입니다. 음, 적어도 내 생각에는 그렇습니다.

페트리니 프랑스 사회학자 도미니크 볼통과의 긴 인터뷰에서 교황님은 1987년에 나온 영화 〈바베트의 만찬Babette's Feast〉을 언급하셨습니다. 제가 정말 좋아하는 영화입니다. 교황님은 어떠셨나요?

교 황 내가 본 가장 아름다운 영화 가운데 하나입니다. 영화는 덴마크의 매우 엄격한 칼뱅주의 공동체를 배경으로 합니다. 개신교 목사의 딸인 두 자매는 사랑에 빠지지만 그들이 물려받은 매우 엄격한 도덕성에 어긋난다고 생각해 그 감정을 거부합니다. 그들은 사랑뿐 아니라 음식과 옷을 포함한 모든 것에서 금욕적인 삶을 삽니다. 끊임없는 자기학대의 일종이라고 볼 수 있죠. 이런 환경에서 '이방인'인 프랑스 요리사 바베트는 복권에 당첨되자 공동체 전체를 위한 만찬을 준비하기로 합니다. 이 일을 계기로 모두는 인간의 아름다움을 보고 느끼며, 너무 오랫동안 억눌러 왔던 신성한 기쁨을 이해하게 됩니다. 제게 이것은 그리스도적인 자선과 사랑의 찬가입니다. 바베트가 준비한 만찬은 영화에서 가장 인간적이고 아름다운 장면 가운데 하나였습니다. 부에노스아이레스에서 보좌 주교로 있을 때 성체 분배 봉사자들을 교육하는 임무를 맡았습니다. 4주 과정으로 토요일마다 진행되었는데, 첫 토요일에는 늘 〈바베트의 만찬〉을 보고 토론했습니다. 그것이 첫 교육이었습니다. 만약 병자를 방문해 성체를 모시게 한다면 경직되게 할 것이 아니라 선물의 아름다움을 이해하며 사랑과 기쁨으로 해야 하기 때문입니다.

페트리니 영화에서 바베트가 식사를 준비하기 위해 당첨금 전부를 사용한 것에 놀랐습니다. 엄청난 관대함의 실천입니다.

교　황 대단하죠. 그 여성은 진정한 삶의 길을 공동체에 보여줬으니까요. 그녀에게 돈은 그리 중요하지 않았습니다. 삶이 중요했죠.

페트리니 이것은 우리가 조금 전에 이야기했던 기쁨에 대한 대답입니다.

교　황 영화에 대한 얘기를 좀 더 하겠습니다. 이탈리아인들은 영화에 위대한 지혜와 역사를 간직하고 있습니다. 전후 이탈리아 영화는 인본주의에 대한 훌륭한 교훈입니다. 어린 시절 부모님이 영화관에 자주 데려가셨기 때문에 저는 이탈리아 영화의 팬이 되었습니다. 우리는 알도 파브리지 감독의 영화들과 배우 안나 마냐니를 보러 다 같이 영화관에 가곤 했습니다. 모두 네오리얼리즘 영화였죠. 그러면서 인본주의의 가르침을 배웠습니다. 페데리코 펠리니 감독의 〈길 La Strada〉은 이탈리아 그리스도교 인본주의의 또 다른 걸작으로 평가를 받습니다.

페트리니　안소니 퀸은 굉장한 배우예요!

교　황　물론이죠. 비토리오 데 시카 감독의 〈밀라노의 기적 ^{Miracolo a} ^{Milano}〉 등 전후 영화 모두 굉장합니다. 우리와 우리 사회가 어떻게 변했는지 알기 위해, 더 나아진 것만이 아니라는 사실을 깨닫기 위해 이들 영화를 다시 볼 필요가 있다고 생각합니다.

페트리니　가족들과 함께 영화관에 가신 건가요?

교　황　부모님이 우릴 데려가셨어요. 세 편의 영화가 연달아 상영되던 때가 있었어요. 오후 2시에 시작해 저녁 7시까지 상영이 이어졌죠. 우리는 샌드위치를 준비해 가서 저녁 내내 그곳에서 시간을 보내곤 했습니다. 엄마와 아빠 다 함께요.

페트리니　교황님의 부모님은 영화를 보면서 조국을 다시 보고, 그 역사의 일부를 재발견하셨을 겁니다.

교　황　네, 부모님은 우리 형제들에게 그런 이야기를 들려주셨어요. 이와 관련해 내가 흐뭇하게 떠올리는 매우 강한 문화적 요소가 또 하나 있습니다. 매주 토요일 오후 아르헨티나 라디오에서 이탈리아 오페라가 방송되었습니다. 그때 엄마는 우리를 라디오 앞에 앉게 하셨죠(텔레비전이 없던 시절이었어요). 그러고 나서 줄거리를 미리 들려주기도 하면서 우리에게 이것저것 설명해주셨습니다. "그가 그녀의 목을 내리쳐!"라거나

"이제 그녀가 도망가"라고 상황을 설명하면서 이야기를 들려주셨어요. 우리 문화의 일부이기도 한 이탈리아 오페라의 아름다움을 알려주셨습니다. 이를 무척 고맙게 생각합니다.

페트리니 그러면서 이탈리아어를 배우셨죠. 기본적으로 이야기를 들으며 자라셨군요. 이야기와 타야린…….
교   황 타야린과 바냐 카우다!

페트리니 끝으로 해방신학과 민중신학이 어떻게 다른지 알고 싶습니다.
교   황 아주 단순하게 말하면 해방신학은 긍정적인 영향을 끼쳤고 민중신학과 매우 유사하다고 말할 수 있습니다. 하지만 과거에 마르크스주의 분석을 사용하기도 하면서 정치적·이념적 목적으로 자주 언급되었습니다. 따라서 도구화되는 것을 피하고자 민중신학을 선호하게 되었습니다. 민중신학은 해방신학에서 영감을 얻었지만 민중에게 다가가고자 합니다. 아르헨티나에 있을 때 저는 두 신학을 분명하게 구별하곤 했습니다. 해방신학이 좋지 않아서가 아니라 이념의 표류를 피하기 위해서였습니다. 그래서 내가 속했던 예수회에서(많은 회원이 마르크스주의자였음.) 저는 보수적이고 고루한 사람이라는 비난을 받았습니다.
페트리니 이런, 세상에!

3장

2020년 7월 9일
대화

카를로 페트리니　　우리는 일 년 전 만남에서 당시 곧 열릴 예정이었던 아마존 주교 시노드에 대한 이야기를 나누었습니다. 교황님은 저를 행사에 초대해주셨는데, 그 자리가 저에게는 정말 놀라운 경험이었습니다. 잊을 수 없는 며칠을 보내면서 상상했던 것과는 다른, 현실에 발을 내디딘 생기 넘치는 교회의 모습을 보았습니다. 정말이지 멋진 경험이었습니다. 시노드 이후 우리의 관심은 '프란치스코의 경제' 대회로 향했습니다. 지난 3월 아시시에서 열리기로 했는데, 불행하게도 팬데믹이 닥쳤습니다. 프란치스코의 경제 대회는 11월로 연기되었고, 그 행사에 대한 언급 없이 이 책을 마치게 되어 심히 유감입니다. 코로나19 사태는 개인적인 문제가 아니라 인류 전체의 역사적 사건입니다. 지금 인류는 납작 엎드린 상태입니다. 이에 대한 소견을 말씀해주시면 좋겠습니다. 가능하다면 희망적인 말씀도 부탁드립니다. 지금 사람들은 격려의 말이 절실하니까요. 현재 상황을 어떻게 보십니까?

프란치스코 교황 당신은 인류가 납작 엎드려 있다는 표현을 썼는데, 저는 여러 차례 짓밟혔다고 말하고 싶습니다. 인류는 이번 바이러스에 짓밟혔고, 그동안 수많은 바이러스에 짓밟히며 성장해 왔습니다. 이런 전염병은 부당합니다. 야만적인 시장경제와 폭력적인 사회적 불의를 초래하여 사람들이 짐승처럼 죽고, 또 많은 경우 짐승처럼 살도록 만듭니다. 일은 착취가 되고 사람들은 자신의 정체성을 잃은 채 고압적인 생각과 태도로 그들을 통제하려는 사나운 포퓰리즘의 손아귀에 잡혀 살아갑니다. 어쩌면 내가 지나치게 비관적으로 말했을지 모릅니다. 그러나 저는 주변부를 바라봅니다. 오늘날에는 탈중앙화가 필요하다고 생각합니다. 그곳으로 가는 것은 미래가 걸린 문제입니다.

페트리니 주변부로요?

교   황 그렇습니다. 현실적이고 실존적이고 사회적인 주변부로 가는 것입니다. 그곳은 주변부이기 때문에 현실적입니다. 중심부가 존재하지만 가상일 뿐 실제는 아닙니다. 중심부는 행운의 편지 같은 것이고 경제도 그렇게 변했습니다. 당신은 10만 리라를 가졌다고 생각하지만 정작 손에 든 것은 동전 두 닢뿐입니다. 우리는 구체적인 인간의 삶으로 향해야 합니다. 위기의 결과는 똑같지 않습니다. 더 좋을 수도 더 나쁠 수도 있습니다. 그 선택이 지금 우리에게 달려 있습니다.

페트리니　집단의 선택을 말씀하시는 거죠? 그 방향으로 가기 위해 강력한 기본 정책이 필요하다는 말씀이죠?

교　황　맞습니다. 이는 중요합니다. 야만적인 시장경제와 물거품 같은 금융을 앞세우지 않는 정책이 필요합니다. 경제를 이해하는 새로운 방식과 새로운 지도력이 필요합니다. 포퓰리즘에는 정치와 문화, 종교가 없습니다. 또한 종교적 종파주의에는 종교가 없습니다. 이와 달리 민중주의에서는 대중이 성장하고, 공동체는 각기 고유한 특징을 드러냅니다.

페트리니　그래도 다행인 것은 이런 혼란 가운데서도 회칙 「찬미받으소서」가 강조한 정신이 퇴색되지 않았다는 점입니다. 그 정신은 이전보다 더 큰 주목을 받고 있습니다.

교　황　그래요. 「찬미받으소서」에 대한 인식이 높아졌습니다.

페트리니　이것은 5년 전에는 상상조차 할 수 없는 일로 이 책에서 심층적으로 다룬 다섯 가지 주제인 생물 다양성, 경제, 교육, 이민, 공동체는 팬데믹 이후에도 여전히 중대한 쟁점으로 부각되고 있습니다.

교　황　맞서서 해결해야 하는 문제들이니까요. 그러나 다행히도 이들

주제에 대한 의식이 차츰 높아져 가고 있습니다. 지난번 만남에서 말했다시피, 작년에 산 베네데토 델 트론토 지역의 어부들이 나를 만나러 왔습니다. 그들은 대형 어선이나 온갖 작업을 하는 산업용 선박의 선주들이 아니었습니다. 작년에 배 한 척에서 6톤의 플라스틱을 거뒀다고 했는데, 기억하시죠? 올해 그들은 해양 쓰레기 문제에 더 많은 관심을 기울였습니다. 그래서 24톤의 쓰레기를 수거했고 그중 12톤이 플라스틱이었다고 합니다. 그들은 바다를 깨끗하게 보존해야 한다는 의식을 갖고 있습니다.

바티칸은 아주 작은 시국市國이어서 그런 의식을 실천에 옮기기가 더 쉽습니다. 여기서는 정원에 사용하는 살충제 역시 천연 재료입니다. 전기 장치도 바꾸었습니다. 바오로 6세 강당 지붕에 태양 전지판을 설치해 이곳을 환하게 밝히기에 충분한 전기를 생산합니다. 이 집 안에는 플라스틱이 없습니다. 오래된 물병을 재활용하고 있으며, 이것 외에도 플라스틱은 사용하지 않습니다. 작은 일이지만 이런 의식이 전 세계로 퍼져 나가야 합니다. 사실 저는 작년에 이곳에서 고위급 석유 기업인들의 방문을 받았습니다. 그들이 그러더군요. "지금 당장 전환해서 석유는 제쳐 두고 다른 종류의 에너지를 찾는다면 1930년대와 같은 제2의 세계 위기가 올 것입니다!" 맞는 말입니다. 그러니 일을 빼앗지 않고 서서히 해나가는 지혜가 필요한 겁니다. 우리 문화에서 일은 공기와 같아서 일이 없으면 사람도 감소하기 때문입니다.

페트리니 그렇습니다. 우리는 매우 흥미로운 분기점 위에 서 있습니다. 한편으로는 이 상황이 끝나고 변화가 있기를 바라면서도 다른 한편으로는 지금의 고통과 함께 이전으로, 이전의 가치로 되돌아가기를 바라기 때문입니다.

교   황 그래서 귀환을 준비하는 자들이 있습니다.

페트리니 이것은 엄청난 모순입니다!

교   황 그래요. 일부에서 귀환을 부추기고 있는 것은 사실입니다. 그러나 우리는 다른 것을 준비해야 합니다. 대안을 마련해야 합니다! 그리고 대안으로 이겨야 합니다. 이와 관련해 인간발전부(온전한 인간 발전 촉진을 위한 교황청 부서. 2016년 프란치스코 교황의 자의교서 「인간 발전」을 통해 설립이 발표됐으며 가톨릭교회의 사회교리를 실천하는 활동을 펼침—옮긴이 주)에서 피터 턱슨 추기경과 실무진이 코로나 이후를 대비하는 활동을 전개하고 있습니다. 많은 사람은 이후 "아, 완전히 변했어!"라는 말을 듣기 위해 떠들썩하게 준비하고 있지만 정작 바뀐 것은 아무것도 없습니다. 변화에는 탈중앙화가 동반되어야 합니다.

페트리니 당연한 소리지만, 변화에 대한 생각이 세계적 차원으로 확산되어야 합니다.

교   황 그렇습니다. 대중운동이 전개되어야 합니다.

페트리니 지난 만남에서 얘기한 국제 네트워크인 테라 마드레를 기억하시죠? 2004년에 탄생한 테라 마드레에는 불교와 도교 신자 등도 있어 대중적인 사회운동과 다릅니다. 올해 10월에 토리노에서 국제대회가 계획되어 있었습니다. 우리는 2년에 한 번씩 이 운동의 주제와 새로운 정치 개념을 기리는 정기적 행사를 개최하고 있습니다. 코로나바이러스 사태로 올해는 온라인 행사로 대체할 생각입니다. 그런데 교황님께 허락 한 가지를 구하고 싶습니다. 사회운동 단체에 보낸 교황님의 편지를 우리 테라 마드레를 위한 메시지로 삼아도 될까요? 그 메시지가 특별한 정치적 명료성을 지니고 있기 때문입니다.

교　황 사회운동 단체에 여러 차례 메시지를 보냈는데, 어떤 편지를 말하는 건가요?

페트리니 지난 4월에 보내신 마지막 담화입니다. 그것을 저희가 사용해도 될는지요?

교　황 널리 쓰십시오. 공짜로! (둘 다 웃음) 누군가 "이것은 교황에게 저작권이 있습니다"라고 지적할지도 모릅니다. 그러면 "아닙니다. 이는 아무것도 요구하지 않는 가난한 로마의 주교가 한 말입니다"라고 말해주십시오.

페트리니 (웃음) 교황님의 편지는 공동선, 관계의 선을 전하고 있으며 정치적 관점에서도 명쾌합니다. "여러분은 이미 이 정책을 실행하고 있습니다"라는 지적은 정말 사실입니다! 이와 관련해 말씀드릴 것이 하나 있습니다. 저희는 68세대이고 이 세대에 영향을 끼친 인물들 가운데 로렌초 밀라니 신부(Lorenzo Milani, 1923~1967, 사회 정의와 교육제도의 평등을 주장하며 가난한 노동자와 농민을 위한 학교를 설립했고, 노동자의 파업권을 옹호하는 등 사회 활동에 적극적이었다는 이유로 교황청으로부터 제재를 받았음―옮긴이 주)가 있습니다. 교황님과 의견을 나누고 싶어 그분의 글을 좀 적어 왔습니다. "나는 다른 사람들의 문제가 내 문제와 같다는 것을 배웠습니다. 거기서 다 함께 나오는 것은 정치입니다. 혼자서 빠져나오는 것은 사욕입니다." 그래서 지금 우리는 변화를 앞세우는 정치로 다 함께 위기에서 빠져나와야 한다고 생각합니다.

교 황 아, 밀라니 신부는 명석한 사람이었고 사회의 선지자였습니다. 교육과 인간의 선지자이면서 인본주의의 선지자이기도 했습니다! 저는 그분의 묘소를 방문하려고 바르비아나 마을에 간 적이 있어요.

페트리니 네, 압니다. 교황님이 바르비아나에 가셨을 때 바티칸의 인사들은 뭐라고 하던가요?

교 황 그들은 제게 어떤 것이 잘못되었다는 말을 거의 하지 않습니다. 적어도 직접적으로는 말하지 않습니다. 토니노 벨로 주교나 프리모 마촐라리 신부의 묘소를 방문했을 때도 아무 말 없었습니다.

페트리니 그런데 사회운동에 앞장섰던 이탈리아 성직자들을 어떻게 알게 되셨나요?

교 황 예전에는 그들을 몰랐습니다. 여기 와서 알게 되었습니다.

페트리니 아, 멋진 일입니다. 그러니까 아르헨티나에서는 마촐라리와 밀라니 신부를 모르셨다는 거죠?

교 황 몰랐습니다. 아르투로 파올리 신부님만 알고 있었습니다.

페트리니 파올리 신부님이 102세였을 때 직접 그분을 뵈었습니다. 페레스 에스키벨과 토론하는 자리였는데, 무척 인상적이었습니다. 그때는 살아계셨죠. 그런데 교황님은 파올리 신부님을 직접 뵌 적이 있나요?

교 황 네. 아르헨티나에서요. 그리고 교황이 되고 나서 여기서도 한 번 만난 적이 있습니다. 정말 멋진 분이죠!

페트리니 이탈리아 가톨릭에서 이런 인물들을 제쳐 둔 것은 큰 실수라고 생각합니다.

교 황 모든 위대한 예언가와 선지자는 박해를 받았습니다. 다행히도 지금은 그들의 명예가 회복되었습니다. 시대가 변했습니다. 그러나 오랜 기간 이탈리아 역사는 교황령과 밀접하게 연관되어 있었습니다. 이를 끝내기 위해서는 교황 비오 11세의 용기가 필요했죠. 그럼에도 진정한 대화는 이뤄지지 못했습니다. 당시 그의 교섭 상대가 독재자 무솔리니였으니까요. 그렇더라도…….

페트리니　그렇지만 적어도 50년 이상 끌고 온 반목이 종식되었죠!

교　황　맞습니다. 그걸 이루기 위해서는 용기가 필요했습니다. 교회에서 변화를 일으키려면 용기가 필요하거든요. 그리고 제2차 바티칸 공의회는 50년이 지난 지금도 역행하려는 많은 사람에게 받아들여지지 않고 있습니다. 역사가들은 공의회가 교회의 삶에 들어가려면 최소 100년이 걸릴 거라고 말합니다. 그렇다면 현재 절반쯤 왔다고 할 수 있는데, 이미 반발이 대단히 강합니다. 그 반발은 특히 번영신학과 다소 비슷한 경제적 자유주의의 개념에서 나옵니다. 이는 바른길이 아닙니다. 올바른 길은 가난의 신학입니다! 복음서에서 예수님은 두 주인을 섬기는 모순을 지적하십니다. 그리고 어떤 종도 두 주인, 즉 하느님과 재물을 함께 섬길 수 없다고 가르치십니다.

페트리니　길을 선택하는 문제군요.

교　황　길은 이미 예수님 시대에 선택되었습니다! 그러나 번영신학처럼 공의회의 뜻을 거스르며 그리스도교를 관념화하는 부류가 있습니다. 이에 대해선 나보다 여러분이 더 잘 알고 있을 겁니다.

페트리니 그나저나 이런 상황에서 어떻게 지내고 계십니까?

교 황 평화롭게. 그것이 내 잠을 앗아가지는 않습니다. 그러나 바냐 카우다와 타야린 없이는……!

페트리니 (웃음) 그래요, 정말 강력한 반발이 있습니다.

교 황 그래도 계속 나아가야 합니다.

페트리니 교황님과 나누고 싶은 다른 이야기가 있습니다. 노동 현장에서 일하거나 사회적으로 소외된 삶을 사는 사람들로 구성된 '보이지 않는 자들degli invisibili'이라는 대단히 흥미로운 정치 단체에 대한 것입니다. 이 조직의 지도자는 코트디부아르 출신의 사회학자이자 노동운동가인 아부바카르 수마호로입니다. 그가 쓴 정치 선언문을 보면 다음과 같은 내용이 있습니다. "(……) 보이지 않는 사람들의 단결은 연대의 자유를 포용하기 위해 개인주의의 사슬을 끊도록 요구하는 우리 집단 양심의 소명이다. 우리의 가벼움을 높이기 위해 자아의 무게를 내려놓는 것이다." 그리고 교황님의 말씀을 인용하며 예수님은 갈릴리 호수에서 고기 낚는 일을 하던 어부들을 제자로 삼으셨고 그들의 첫 만남은 회의장도 토론회도 성전도 아닌 곳에서 이뤄졌다고 말합니다. 이 단체는 정치·사회 지배층과 주요 인사들의 눈에 보이지 않는 사람들의 운동을 펼칩니다.

교 황 그것이 민중입니다. 우리는 민중 의식을 되찾아야 합니다. 작은 나라들의 민중을 경험하면 더 많은 것을 볼 수 있습니다. 민중은 역사의 주인공입니다. 우리는 멀리 내다보면서 모든 민족이 고유의 문화를 표현하도록 장려하고 문화 사이의 관계를 인식해야 합니다. 문화를 파괴하는 구형 세계화가 아니라 모든 문화를 아우르는 다면적인 세계화로 나아가야 합니다. 획일성이 아닌 보편성을 지향해야 합니다. 민중을 보호하는 일에 팔을 걷어붙이고 나서야 합니다. 그럼에도 오늘날 제안되고 있는 가장 쉬운 해결책이 무엇입니까? 바로 포퓰리즘입니다! 포퓰리즘은 생각을 만들어 사람들이 그 생각에 매달리게 하고 두려움을 퍼트립니다. 예를 들면 이민자에 대한 두려움도 여기서 비롯됩니다. 게다가 일부 국가의 정치지도자들이 하는 연설을 들어 보면 정말 위험한 포퓰리즘으로 흘러갑니다. 이와 관련된 책이 나왔는데 저기 어딘가에(그의 방과 서재를 가리킴) 두었을 겁니다. 그 책을 찾아서 드릴 테니 읽고 나중에 돌려주세요. 현재의 포퓰리즘과 독일의 1932~1933년 상황을 비교한 책입니다. 지금 일어나는, 특히 유럽에서 벌어지는 일에 대한 명확한 분석을 내리고 있습니다.[10]

페트리니 네, 읽어 보겠습니다. 지난 만남에서 아마존 주교 시노드에 대해 이야기를 나누었습니다. 저는 교황 권고 「사랑하는 아마존」이 대단히

---

10 지그문트 긴즈버그, 『1933년 신드롬Sindrome 1933』, 펠트리넬리, 밀라노, 2019 — 이탈리아판 편집자 주

아름다운 문서라고 생각합니다. 이 땅과 민중에 대한 애정, 시와 정치적 견해가 조화롭게 어우러졌기 때문입니다. 이번 시노드에서 어떤 인상을 받으셨나요? 아마존 지역에 한해 덕망이 입증된 기혼 남성 사제를 허용하자는 주교회의의 제안과 교황님의 침묵에 대해서는 제 견해를 표명했습니다.

교   황   시노드는 인식을 발전시킨 중요한 계기가 됐다고 생각합니다. 예를 들어 지난주에 이미 '아마존 교회회의'가 신설됐습니다. 그리고 나로선 이름을 알지 못하는 현대적 장치 덕분에 집행부를 선출하는 첫 회의를 개최했습니다. 의장에는 클라우디오 우메스, 부의장에는 다비드 마르티네스 데 아기레 귀네아 주교(페루 푸에르토말도나도 대목구장, 시노드의 서기)가 선출되었습니다. 그리고 평신도들은 범아마존 지역에 대한 인식을 고취하기 위한 위원회를 만들었습니다. 그들은 지금 열심히 일하고 있습니다!

여기에 규칙이 주어져야 한다고 생각하는 사람들이 있지만 그럴 필요가 있을까 싶습니다. 저절로 돌아가게 두어야 합니다. 식물이 싹을 틔우면 자라게 그냥 두어야 합니다. 그러다 일정한 높이에 도달하면 이쪽저쪽으로 가지 않게 유도해야 합니다. 작은 식물에는 지침이 필요하지 않습니다. 자라게 그냥 놔두면 됩니다. 이건 제 철학입니다. 누구든 생각을 자유롭게 표현할 수 있지 않습니까? 그러고 나서 이건 이렇고 저건 저렇다 등 얼마든지 논쟁할 수 있습니다.

페트리니 정말이지 아마존 주교 시노드는 중요한 행사였습니다. 높은 영성뿐 아니라 높은 정치성도 지녔습니다. 사실 그처럼 진심이 가득 담긴 토론을 본 지 오래되었습니다. 이후 저는 아시시에서 우메스 추기경과 토론을 벌였고, 그에게 교황님께 편지를 쓰겠다고 말했어요. 그러자 추기경은 "그렇게 하세요. 당신이 생각하는 것을 그분에게 말하는 것은 매우 중요한 일이기 때문입니다"라고 답했습니다. 시노드를 향한 관심이 기혼 남성 사제에 대한 문제로 집중되었는데, 더 중요한 핵심은 다른 것이라고 생각했습니다. 지금 그곳의 주민들이 학대와 대량학살을 당하고 있다고 생각하면 마음이 아픕니다. 수천 명이 죽어가고 있어요.

교   황 대량학살이라는 말이 적절하게 들리진 않지만, 그렇습니다.

페트리니 네, 과장된 표현인 것 같습니다.

교   황 비유적으로는 쓸 수 있습니다. 그래요, 그 사람들은 괴롭힘을 당하고 있습니다. 기술과 경제, 다국적 기업으로부터 괴롭힘을 당하는 중입니다. 또한 그들은 버려집니다. 오늘날 세계는 쓰고 버리는 정책을 펴고 있습니다. 이 사실에 주목해야 합니다. 생명을 버리고, 무언가를 주지 않거나 생산하지 않는 사람들을 버립니다. 버리고, 버리고…… 민족의 지혜인 노인들도 버립니다. 마지막으로 루마니아를 방문했을 때 저는 사람들로 가득 찼던 이아시의 광장을 잊을 수가 없습니다. 루마니아는 국민 가운데 대다수가 정교회 신자입니다. 저는 교황 전용차를 타고 광장에 들어섰습니다. 그런데 전형적인 루마니아 여성처럼 머리에 손수건을 두른 한 할머니가 손주를 안고 다가왔습니다. 그녀는 제게 아이를 보여주기 위해 팔을 앞으로 뻗었습니다. "보세요. 이 아이는 내 승리입니다"라고 말하는 것 같았습니다. 그 모습에 큰 감동을 받았습니다. 그러나 이내 아쉬운 마음이 들었는데, 이동을 멈추고 차에서 내려 인사하지 못했기 때문입니다. 그야말로 상징적인 장면이었으니까요. 이후 목적지에 도착해 연설하기 직전에 사진작가에게 물었습니다. "그 할머니를 봤나요? 그녀를 찾아서 사진을 찍으면 좋을 텐데요. 그녀는 진정한 화합의 상징입니다." 그러자 그가 대답했습니다. "교황님의 시선을 보고 알아차렸습니다. 그래서 사진을 찍었습니다." 마지막 연설에서 그녀에 대해 이야기했고, 그다음 날 승리의 상징을 든 할머니의 사진은 루마니아의 모든 신문에 실렸습니다.

페트리니 아, 그 사진이 루마니아 전역에 소개되었다고요?

교　　황　네, 사려 깊은 사진작가 덕분에 말입니다. 그 사진은 새 생명의 뿌리와 꽃에 대한 기억을 전합니다. 이것이 내가 노인과 젊은이, 노인과 청년 사이의 대화를 그토록 고집하는 이유입니다. 오늘날의 부모 세대는 번영의 문화와 더불어 많은 것을 잃었고 뿌리에 대한 기억마저 잃었지만, 노인들은 여전히 그것을 간직하고 있습니다. 그러므로 우리는 노인에서 젊은이로의 전승을 장려해야 합니다.

페트리니　결국 교황님과 제가 알게 된 계기, 길잡이도 우리의 할머니들이었습니다. 교황님은 교황님의 할머니에 대해 들려주셨고, 저도 제 할머니에 대해 말씀드렸죠. 그들이 강한 뿌리를 지니고 계셨던 것은 사실입니다. 브라 출신으로 독실한 가톨릭 신자였던 내 할머니는 사회주의 철도 노동자이자 지역 공산당의 창시자인 내 할아버지 카를로 페트리니와 결혼했습니다. 1948년 가톨릭교회가 공산주의자들을 파문했을 때 할아버지는 이미 돌아가셨지만 할머니는 고해성사(가톨릭 신자가 세례 이후 지은 죄에 대해 하느님께 용서받으며 교회와 화해하게 하는 성사—옮긴이 주)를 보러 갔습니다. 사제가 "당신은 누구에게 투표하겠습니까?"라고 묻자 할머니는 가난한 남편처럼 공산당에 투표하겠다고 대답했습니다. 그러자 그 사제는 할머니에게 사면해 줄 수 없을 거라고 말했고, 할머니는 "그럼 그것을 간직하세요!"라고 답했습니다.

교　　황　지혜로운 노인이셨군요!

페트리니　당시에 그렇게 말한다는 것이 쉬운 일은 아니었을 겁니다. 그것도 가톨릭 신자가 고해소에서 말입니다.

교　　황　"그럼 간직하세요!" 아주 점잖게 한방 먹이셨군요! (둘 다 웃음)

페트리니　음! 그런데 오늘날 이런 윗세대에 대한 기억이 결핍되어 있습니다. 세대 간의 연결이 끊어질 위험에 처해 있습니다.

교　　황　　아직 시간이 남아 있습니다. 지금도 결코 늦지 않았습니다!

페트리니　특별히 농촌 사회에 기대를 걸어 봅니다.

교　　황　　우리는 아직 시간이 있습니다. 현재의 부모 세대는 약합니다. 번영과 소비주의 문화로 말미암아 약화되었기 때문입니다.

페트리니　교황님은 이 문제를 해결하기 위한 '시간이 아직 있다'라고 강조하고 계십니다. 여기서 교육이 근본적 역할을 한다고 생각합니다. 어찌 보면 대학은 교황님이 말씀하신 중년층, 즉 소비주의적 접근 방식을 지니고 교육에도 그 같은 모델을 적용하는 세대의 산물입니다. 교황님은 볼로냐대학 학생들에게 한 연설[이 책의 제2부 다섯 가지 주제 중 교육, '학계, 학생들과의 만남(2017년 10월 1일)' 참조—이탈리아판 편집자 주]에서 공동체^{universitas}와 같은 대학, 타인과의 상호작용을 바탕으로 하기에 수평적이면서 정신을 고양시키기에 수직적이기도 한 대학에 대해 말씀하셨습니다. 그런 관점에서 젊은층과 중년층이 소통을 이루려면 할 일이 정말 많다고 생각합니다. 이와 관련해 교황님과 회칙 「찬미받으소서」의 역할은 핵심적이었습니다. 제가 보기에 공통적 실마리를 제시하면서 두 세대 간의 대화를 가능하게 만든 다리 역할을 했다고 여겨집니다. 그래서 저는 오늘날 서양의 대학과 교육 모델에 대해 긍정적으로 생각하시는지 궁금했습니다. 이를 어떻게 보시나요?

교　　황　대학들은 계몽주의의 유산에 서서히 빠져들었습니다. 대학에서 교육은 개념과 과정, 기술로 머리를 채우는 것뿐입니다. 오늘날 대학들은 인간의 세 가지 언어, 즉 머리와 마음과 손의 언어를 받아들여야 합니다. 그것도 조화롭게 말입니다! 느끼고 행동하는 것을 생각하고, 생각하고 행동하는 것을 느끼고, 느끼고 생각하는 것을 행동에 옮기는 것입니다. 그렇게 해야 대학은 앞으로 나아갈 수 있습니다. 그렇지 않으면 마음도 애정도 없는 인공지능이나 다름없는 기술자를 양성할 뿐입니다.

페트리니　우리 대학에 필요한 가르침이기도 합니다. 작은 대학을 운영하고 있는데, 이 말씀을 잘 새겨듣겠습니다. 우리 대학은 어려운 상황에서 교육 과정을 개설하게 되었습니다. 학문과 우리에 대한 인식이 부족하기 때문입니다. 대부분의 사람은 '미식가'에 대해 먹고 마시면서 즐기는 자이기에 농업, 화학, 정치, 환경 문제와 토양 상태를 알 필요가 없다고 생각합니다. 그런데 미식가는 요리를 준비하고 먹는 것뿐 아니라 음식의 이면까지 생각할 수 있어야 합니다. 모든 것이 관련되어 있기 때문이죠! 여하튼 우리가 대학을 열었을 때 모두 대수롭지 않게 여겼습니다. 서로 조화를 이루는 세 가지 차원에 대한 고찰은 정말로 필요합니다.

교　　황　상호작용이 필요합니다!

페트리니　상호작용, 바로 그겁니다! 음식에는 세 가지 차원이 다 있으니까요. 머리, 마음, 손…… 모두 있습니다. 마음의 표현이 아닌 음식을 대체 무엇이라고 말하겠습니까?

교   황   기계가 만든 것이겠죠!

페트리니   허락해주신다면 이 표현을 쓰고 싶습니다.

교   황   얼마든지 쓰세요. 그리고 또 다른 내 개인적 경험을 당신과 나누고 싶습니다. 내가 아는 훌륭한 철학 교수가 이런 말을 했습니다. "아이들과 노는 능력을 통해 한 사람을 평가하고 자질을 가늠합니다"라고 말입니다. 아이들과 잘 놀지 못하는 자는 성숙한 사람이 아니라는 겁니다.

페트리니   철학자가 그런 말을 했어요?

교   황   네, 그는 철학자이자 형이상학 교수입니다. 저는 기혼자가 고해성사를 보러 오면 고해 신부로서 "아이가 몇 명인가요?"라고 묻곤 했는데, 그들은 내가 "왜 아이를 더 낳지 않나요?"라고 말할까 봐 대답하기를 꺼렸습니다. 나는 "당신은 아이들과 잘 놀아주나요?"라고 묻습니다. 남자든 여자든 기혼자가 고해성사를 보러 오면 항상 자신의 아이들과 잘 놀아주는지를 묻곤 합니다. 부모는 일 때문에, 피곤하다는 이유로 아이들과 함께 시간을 보내기보다 귀찮다는 듯이 떨쳐내려고 합니다. 그러나 아이들과의 놀이는 시와 같습니다. 아버지는 감흥을 담은 시로 자녀들을 잘 교육할 수 있습니다.

페트리니 시와 관련해 마지막으로 하나만 더 말씀해주세요. 「사랑하는 아마존」에는 이전의 교황 문서에서 볼 수 없던 상당한 분량의 시가 들어가 있습니다. 그 문서의 추진력은 무엇이었나요?

교 황 여러 사람의 도움이 있었습니다! 저는 문학가들에게 이것저것을 찾아 달라고 부탁했습니다. 그런데 싣지 못한 시 한 편이 있습니다. 로베르토 카를로스의 아름다운 노래인데, '엄마, 왜 이제 강은 노래하지 않죠?'라는 가사가 나옵니다.

페트리니 교황님의 권고 「사랑하는 아마존」을 읽어 보면 글이 참 아름답습니다. 다른 교황들의 문서도 아름답게 읽히지만 「사랑하는 아마존」에는 열정이 깃들어 있습니다. 시가 가진 힘이라고 할 수 있죠! 카를로스의 노래가 빠져서 안타깝지만요…….

교 황 네, 멋진 노래죠!

페트리니 아름다운 여운으로 우리의 대화를 마무리하겠습니다. 좋은 말씀과 귀중한 시간을 내주셔서 고맙습니다. 저 같은 불가지론자에게도!

교 황 음, 중요한 것은 자기 자신과의 일관성입니다. 일관된 사람이라면 문제 될 게 없습니다. 바리사이파 사람들은 일관성이 없었죠!

페트리니 (웃음) 감사합니다.

제2부

다섯 가지
주제

TERRAFUTURA

1장

환경의 균형과
인간의 생존을 위한 유산,
생물 다양성

생물 다양성

카를로 페트리니

시민운동가로 살아온 내 개인의 이력은 1960년대 후반에 일어난 좌파운동에 뿌리를 두고 있다. 당시는 이데올로기가 지배하는 시대였고 세상은 공산주의자와 자본주의자, 억압하는 자와 억압당하는 자, 부자와 빈자, 선진국과 개발도상국으로 분명하게(어쩌면 마음 편하게) 나뉘어 있었다. 격동기에는 누구든지 확실한 입장을 취하고 진영을 선택해야 했으며, 그 안에 머물며 때로는 깊은 자각 없이 자신의 정체성을 선언해야 했다. 종교도 이런 대립 구도에 휩싸였는데, 신실한 그리스도인의 맞은편에는 절대적인 무신론자가 있었다. 그 중간의 회색 구역은 결코 용납되지 않았다.

그때 우리 좌파 청년들은 우리가 누구이고(또는 당시 지도부가 노골적으로 설명했듯 우리가 누구여야 하는지), 우리의 적이 무엇인지 명확히 알고 있었다. 우리는 각자 자신의 참호에서 때때로 다음 전투를 기다렸다. 그러나 흔히 그러하듯 이 짧은 역사적 장면은 시대의 복합성을 전혀 전달하지 못하고, 특히 그 시대를 보내고 살았던 사람들의 참모습을 그대로 옮기지 못한다. 분명히 기억하는데, 예를 들어 쿠네오 지방의 중심에 있는 소도시 브라에서 혁명가를 꿈꾸던 우리의 훈련소는 다름 아닌 가톨릭 자선 단체 산 빈첸초 데 파올리Società San Vincenzo de' Paoli였다. 그곳에서 우리는 자원봉사자로 활동하면서 헌신과 조직에 대해 배우고 창의력을 발휘하고 세상에 대한 생각을 키워 나갔다. 당시 우리는 그곳뿐 아니라 아르치(ARCI, '이탈리아 여가 문화협회Associazione ricreativa e culturale italiana'의 약자로 1957년에 설립된 반파시스트 중도좌파 성향의 사회 진흥원—옮긴이 주)와 프롤레타리아 통합당Partito di Unità Proletaria, 기독교 민주당Democrazia Cristiana이 압도적으로 우세했던 우리 도시의 음식점과 술집을 드나들었다.

과거의 기억을 흐뭇하게 떠올리며 이 글을 시작한 이유는 나 자신이 온전히 이런 경험의 혼합, 양립할 수 없을 듯 보이지만 공존하는 당파들, 논쟁과 충돌과 위험한 동거 시대의 산물로 형성되었다는 생각이 들기 때문이다. 우리의 정체성은 이런 다양성의 깊은 상호관계 속에서 만들어졌다. 문화와 지성의 다양성은 우리가 가깝거나 먼 다른 것들을 서로 동일시하도록 강제하고, 힘든 경험을 통해 반대 진영의 논리를 이해하게 한다.

이는 현재도 별반 다르지 않다. 지난 50년 동안 일어난 사회와 정치, 기술과 경제의 거대한 변화를 제외하고, 문화적 다양성의 개념에서 생각하면 동시대성을 해석할 수 있다. 미래의 전망 또한 마찬가지일 것이다. 그때의 우리처럼 활동가로 훈련받았던 개인은 이따금 상대편의 사람과 문화적 체험에서 장점과 자극을 이끌어냈다. 그러므로 오늘날 인류는 차이의 가치를 인정하고 그것을 소중히 여기고 새로운 다원적 인본주의를 완성하기 위한 기반으로 활용해야 한다.

사실 세상은 급격히 변화했고, 경제 호황기에 이탈리아 북부의 소도시에서 숨 쉴 수 있던 '작은' 문화적 다양성은 전례를 찾아보기 어려운 무한한 다양성의 접근으로 대체되었다. 다채로운 인류와 그 문화, 완전히 다른 생활 방식, 다른 차원의 삶, 공존과 정신의 다양성을 맞이하게 되었다. 그러나 이 귀중한 유산은 끊임없이 위협받고, 한계를 모르는 세계화에 휩싸여 우리 눈앞에서 사라질 위기에 처해 있다. 접근성은 한편으로 더 '가까운' 세상이 되게 하지만, 다른 한편으로는 자민족 중심주의와 함께 지배욕을 동반해 지구와 그 주민을 오직 큰 시장으로만 여기는 약탈적인 경제 접근을 키웠다.

별다른 수식어 없이 생물 다양성이라는 말을 사용할 때 이 용어는 지구에 존재하는 유전적 유산의 전체, 즉 지구에 사는 유기체의 거대한 다양성을 뜻한다. 그런데 불행하게도 이 용어는 점점 대대적으로 환경을 파괴하는 인간의 발전과 생산 사례의 상징으로 신문 기사의 제목에 등장하고 있다. 국제연합식량농업기구에 따르면, 우리는 1900년 이후 전체 농업에서 생물 다양성의 70% 이상을 잃었고, 역사적으로 인간이 식량으로 사용한 전체 동·식물종 가운데 3분의 2 이상이 사라졌다. 그 이외의 생물종도 똑같이 놀라운 속도로 소멸이 진행되고 있어 유전적 빈곤이 인류 존재의 특징이 되는 세상을 예고한다. 이런 역사적 시기에 보통 과거 지질시대를 겨냥한 '대멸종'이라는 표현이 거론되는 것은 우연이 아니다. 마지막 대멸종은 6,500만 년 전인 공룡의 시대로 거슬러 올라간다. 그러나 이번에는 완전히 전례가 없는 것으로, 비극의 유일한 책임은 인간 활동에 있다. 천연자원의 무분별한 채취는 주로 두 가지 경로를 통해 부작용을 일으킨다. 먼저 생태계를 잠식하고 인간의 손이 닿지 않던 생명의 공간을 차지하여 임의적으로 변형시킨다. 따라서 그곳에서 번성하던 일부 종이 생존할 수 없는 환경으로 바뀌게 된다(게다가 야생종과 가축종의 갑작스러운 강제 동거에서 비롯된 코로나바이러스 사태에서 경험했듯, 종의 위험한 비약을 조장한다). 그리고 공업과 탈공업의 생산 모델은 엄청난 양의 온실가스를 배출하는 주범이다. 이로써 기후를 변화시키고(지구온난화), 수많은 종의 자연 서식지를 돌이킬 수 없게 훼손해 멸종시킨다.

따라서 지난 30년 동안 생물 다양성은 인간종과 그것을 수용한 환경의 관계를 다르게 운영하기 위한 핵심 단어가 되었다. 지구에 있어 생물 다양성을 잃는다는 것은 실행 가능한 선택 사항이 아니다. 그 과정을 되돌리지 않으면 끔찍한 재앙을 피할 수 없으며, 대멸종의 마지막 희생자는 호모사피엔스가 될 것이다. 모든 환경 단체는 생물 다양성이 인류의 생존을 보장해 줄 수 있는 가장 위대한 자연유산임을 확신하고 있다. 이

점은 의심의 여지가 없으며, 과학계도 생물 다양성을 지키는 것이 인류의 미래를 위한 세기의 전쟁이라 여기고 있다.

또한 생물 다양성에서 문화적 다양성의 개념이 파생되었는데, 이는 엄밀하게 과학적 영역에서 사회적 범위로 시각을 넓혀 인간이 살아가는 매우 다양한 방식을 제시한다. 구사하는 언어와 정신성의 표현, 예술 형식과 정의를 집행하는 방법, 통과 의례의 조직과 재화의 교환 관리 등을 포함하는 광범위한 개념이다. 이 새로운 개념의 범주는 우리가 얼마나 많은 것을 잃고 포기해야 하는지 분석하는 데 도움이 되기에 중요하다. 서양의 터보자본주의turbo-capitalism 개발은 천연자원의 무분별한 착취에만 국한되지 않는다. 완전히 순응하지 않는 모든 것을 차츰 소외시키고 처벌하면서 문명과 사회에 단일성을 강요했다. 그리하여 경제뿐 아니라 공동체와 사회성의 다른 개념을 실천하는 집단과 민족, 특히 토착민들의 생활 문화 공간은 점차적으로, 종종 난폭하게 축소되었다. 따라서 수천 년 동안 사용되던 언어, 습성과 관습, 상호관계와 증여에 기반을 둔 교환 모델, 자연을 향한 안정되고 지속적인 접근법 등이 하나둘 사라지게 되었다. 우리는 지금 시대의 가장 위험한 문물이자 프란치스코 교황이 자주 비판한 '일회용 문화'에 빠져 있다. 사회적 불평등은 전 세계에서 계속 증가하고 있으며 경제 복지와 이동의 자유, 문화와 건강과 지식의 접근성을 지닌 소수의 특권층과 노동력을 착취당하고도 높은 비용을 지불해야 하는 다수의 빈곤층 사이에서 생겨난 격차와 불화는 극에 달한 상태다.

이런 현실에 기초하여 교황 회칙 「찬미받으소서」에서 광범위하게 다룬 '통합 생태론'의 개념이 대두되었다. 이 개념은 "사회 운동 없이 환경 운동도 없다"는 말로 요약될 수 있다. 요컨대 중대한 사안인 환경 보호는 사회적·경제적 불평등 문제와 밀접하게 연결시키지 않으면 단호하게 맞설 수 없다는 것이다. 그러나 이를 위해서는 문제의 근원, 즉 문화적 다양성으로 돌아가야 한다. 이는 상징적 의미뿐 아니라 새로운 패러다임을 추구하고 수용하면서 인본주의를 구축하기 위한 실질적인 정치 요소도 포함한다.

이런 관점에서 아마존이라는 무대는 깊은 고찰을 하도록 이끈다. 범아마존 지역을 구성하는 9개국에는 390개 민족, 국가를 대표하는 300만 명가량의 원주민이 살고 있다. 여기에 민족 중심적인 '문명'을 지키며 외부 세계와 접촉하지 않는 것을 선택한 사람들, 즉 자발적 고립 상태의 토착 부족이 110~130개 추가된다. 아마존 주교 시노드를 위한 준비 문서를 보면 "이 사람들 각각은 특정한 영토의 소속과 세계관을 기점으로 모든 것을 다룰 뿐 아니라 특유의 문화적 정체성과 구체적인 역사의 풍요로움, 그들을 둘러싼 환경과 현실을 보는 고유의 시각을 드러냅니다"라고 상기하고 있다. 이런 사실을 가톨릭교회만 인식하고 있는 것은 아니다. 에콰도르와 볼리비아를 비롯한 일부 아마존 국가의 헌법을 시작으로, 국가와 국제 수준의 주요 공공기관과 민간 단체에서 이 점을 명시하고 있다. 원주민은 그들 삶의 방식을 보존하고 보호해야 할 필요성에서 고유한 권리를 누린다. 어떤 경우 보통은 '좋은 삶'으로 번역되지만 훨씬 더 복잡한 의미를 지닌, 그들 세계관의 기반 가운데 하나인 수막 카우사이(Sumak Kawsay, 자연과 인간, 인간과 인간 사이의 조화 속에서 공존하는 삶을 추구하며 추가적으로 이 개념 안에는 사회적 평등과 환경을 보호하는 지속가능한 발전을 추구하는 한편, 물질적 풍요를 중시하는 서구적 문명 발전을 비판하는 시각이 담겨져 있음—옮긴이 주)는 인간과 자연 사이의 균형을 회복하기 위한 이론적 모델로 채택되었다. 그러나 서류상으로 권리가 보장된다고 해서 그들이 실생활에서 그것을 실현하고 추구하는 것은 아니다. 새로운 땅을 농업에 이용하고, 희귀한 광물 자원을 캐고, 소중한 삼림을 벌목하는 인간의 활동은 숲을 터전으로 삼고 살아가는 사람들의 생존을 계속 위협하고 있다. 게다가 아마존을 수호하고자 하는 사람들에게 폭력과 살인 행위가 빈번하게 일어나고 있지만, 이런 일이 정치적으로 은폐되어 처벌을 받지 않는 경우가 많다.

현재의 어려운 상황과 관련해 16세기에 식민지화의 열풍으로 시작돼 종종 가톨릭교회의 동조와 함께 자행된 폭력과 착취가 실질적으로 계속되고 있다는 점을 명심해야 한다. 오늘날 교회는 문화적 다양성의 가치를 인식하지만, 과거에는 고전적인 서양의 개념에서 강압적인 복음화를 추진했다. 이제 우리는 개인의 이야기를 전 인류의 역사와 연결하고, 유일한 어머니 대지의 자녀이자 모든 창조물의 형제인 인간으로서 우리 각자에게 문화적 다양성의 문제를 환기시켜야 하는 지점에 도달해 있다.

토착민의 우주론, 즉 지구와 자연의 일부로서 인류를 바라보는 시각은 오늘날 우리가 지향해야 하는 가장 이상적인 미래관이다. 이는 균형과 순환, 절제와 나눔, 지구의 끊임없는 진동 가운데서 신성을 볼 수 있는 영성에 기초한 접근 방식이다.

오늘날 가톨릭교회도 이런 영적 접근의 고유성을 인식하고, 2019년 10월 아마존 주교 시노드를 통해 원주민에 대한 존경과 이해를 남아메리카 복음화의 핵심에 두었다. 그렇다면 일반 대중은 어떤가? 앞서 언급했다시피, 매일같이 펼쳐지는 비극 속에서 원주민 지도자들은 숲과 환경을 지키고자 한다는 이유로 파렴치한 밀매업자들과 불법 투기꾼들에게 살해당하고 있다.

환경과 사회의 중대한 역사적 위기 순간에 원주민의 접근법은 자멸의 길을 되돌리는 등불일 수 있다. 인류가 심연으로 향하는 소용돌이에 휩싸이게 되면 왔던 길을 되짚어 가며 지표를 찾아야 하고(곤두박질치기 전에 깨닫기를 바라며) 최후의 것, 소외되고 제외된 것들을 발견할 것이다. 이때 원주민들은 개인과 집단이 거듭나고 해방되는 이 길의 선두에 서 있을 것이다. 그들은 우리에게 어머니 지구와 조화롭게 사는 법을 알려줄 수 있다. 뿌리를 해치지 않고 그 열매를 거두고, 고통을 가하지 않고도 이득을 누리는 법을 가르쳐줄 것이다.

그리고 일반인과 비종교인이 유념해야 할 다른 요소가 있다. 그것은 바로 영성이다. 서양 사회는 계몽주의 전통 이후로 인간은 과학, 기술 진보, 순수 이성의 인도로 영성을 무시할 수 있다는 환상을 오랫동안 품어왔다. 영성과 종교를 혼동하는 큰 실수를 저지른 것이다. 우리는 물질세계와 관련되지 않은 모든 것은 무지한 과거의 유산이라고 생각했다. 또한 인간이란 무엇인가에 대한 정의의 중심적 요소, 즉 우리가 아닌 다른 것을 향한 추진, 보편적 설계의 탐색, 모든 인간 사이 그리고 인간과 환경 사이의 연결에 대한 탐구를 배제했다.

한편 영성은 인간의 근본적 요소이고 성性, 의지, 욕망, 삶의 충동, 이성과 마찬가지로 본질을 구성한다. 그러므로 나는 새로운 인본주의를 재건하고 지구에서 형제로 살아가는 새로운 방법을 찾는 길은 열정적인 영성의 함양과 분리될 수 없다고 확신한다. 나는 특히 이 점을 진보주의와 좌파 진영에 호소한다. 오늘날 그들은 수 세기 동안 전통적이고 보수적인 세계관을 대표한 가톨릭교회를 통해 이따금 '좌파를 초월하는' 위치에 있다. 지금 시대에 활동가가 되는 것은 영성 없이는 불가능하다. 개인과 세상을 깊이 있게 연결하고 큰 질문들에 대한 답을 찾으면서 우리가 필요로 하는 사회와 인간 혁명의 중요성을 진정으로 이해하는데 영성이 필요하기 때문이다.

통합 생태론은 행동 없는 환경주의가 무익하다는 사실을 일깨워준다. 문화적 다양성은 개방적이고 겸손한 접근으로 세상의 사건을 읽어내면서 우리와 다른 삶의 방식이 주는 교훈은 무엇인지, 어떻게 다양성이 미래를 설계하는 힘이 되는지를 깊이 가늠하도록 이끈다. 통합 생태론과 문화적 다양성, 이 두 고정점과 함께 영성과 정서적 지성은 모두에게 유망하고 공정한 미래의 탁자를 떠받치는 튼튼한 두 다리가 되어 줄 것이다. 나는 미래의 가능성을 제시하는 수많은 훌륭한 사례를 떠올릴 수 있다. 그런 가치의 깃발 아래서 이를 실천하는 사람들을 생각한다. 게릴라 출신의 좌파 정치인 호세 무히카는 깊은 영성과 함께 비할 데 없는 인간의 추진력을 대표하는 인물이다. 넬슨 만델라는 억압과 투옥의 악몽을 겪으면서도 인류와 구원에 대한 믿음을 단 한 순간도 포기하지 않았다. 페루의 원주민 지도자 올리비아 아레발로 로마스는 인류의 형제애가 다국적 기업의 경제적 이익에 휘둘릴 수 없다는 신념으로 자신의 땅을 지키기 위해 목숨을 바쳐 싸웠다. 그리고 나는 모든 활동가를 생각한다. 그들은 삶의 터전에서 쫓겨나 자신과 가족의 미래를 찾아 헤매는 인류를 돕기 위해 한결같이 헌신하고 있다.

문화적 다양성은 모두의 미래를 위한 정치적 패러다임으로 보존되고 채택되어야 한다. 가치 있고 정의로운 세상을 건설할 수 있는 기반이기 때문이다. 다음은 많은 사람이 과학적 사고의 상징으로 여기는 알베르트 아인슈타인이 한 말이다. "신비에 눈뜨지 않는 사람은 아무것도 보지 못한 채 삶을 살아갈 것이다." 우리 세계의 가장 큰 신비는 인류의 다원성과 심오함이다.

사랑하는 아마존[11]

프란치스코 교황

제2장 문화적 꿈

28. 중요한 것은 아마존 지역의 발전입니다. 그러나 이는 아마존 지역을 문화 식민지로 만드는 것이 아니라 그 지역 스스로 자신의 최상 것을 이끌어내도록 돕는 것입니다. 실제로 이것이 바로 교육이 해야 하는 일입니다. 곧 뿌리 뽑지 않으면서 함양하고, 정체성을 약화시키지 않으면서 성장을 촉진하며, 침해하지 않으면서 도와주는 것입니다. 자연이 그 잠재력을 영원히 잃어버릴 수 있는 것과 같이, 아직 전달해야 할 메시지가

---

[11] 「사랑하는 아마존Querida Amazonia」은 하느님의 백성과 선의를 가진 모든 사람에게 보내는 프란치스코 교황의 주교대의원회의 범아마존 특별 회의 후속 교황 권고(로마, 2020년 2월 2일)이다.

있는 문화도 그렇게 될 수 있습니다. 오늘날 그 어느 때보다 문화가 위협받고 있습니다.

아마존의 다양한 모습

29. 아마존 지역에는 많은 민족들과 국가들과 110개가 넘는 자발적 고립 상태 토착 부족들_{Pueblos Indígenas en Aislamiento Voluntario: PIAV}이 살고 있습니다. 그들의 상황은 너무나 취약하고, 결국 사라지게 될 보화의 마지막 관리자인 그들은 탈근대 식민화가 진행되는 동안 물의를 일으키지 않아야 살아남을 수 있다고 생각하는 사람들이 많습니다. 그들을 '미개한' 야만인으로 여겨서는 안 됩니다. 그들은 그저 다양한 문화와 한때 매우 융성하던 다른 형태의 문명을 상속받았을 뿐입니다.

30. 식민지 시대 이전에, 인구는 강가나 호수 근처에 집중되었습니다. 그러나 식민지화가 진행되면서, 옛 거주민들이 깊은 숲속으로 내몰렸습니다. 오늘날 더욱더 심각해지는 사막화로 또다시 많은 사람이 도시의 변두리나 길거리로, 때로는 극심한 가난으로 내몰리고, 이전에 그들을 지탱해 왔던 가치의 상실로 내적 분열을 겪습니다. 이러한 상황에서, 흔히 그들은 그들에게 정체성과 자존감을 주던 준거와 문화적 뿌리를 잃어버리고 버림받은 자들의 긴 대열에 합류하게 되었습니다. 이에 수 세기에

걸쳐 세세 대대로 전해져 온 지혜의 문화적 전수가 단절되었습니다. 만남과 상호 증진과 다양한 문화의 교류 장소여야 하는 도시들이 버려진 삶의 비극적 무대로 바뀌어 가고 있습니다.

31. 아마존 지역에서 살아남을 수 있었던 각 부족들은 다문화 세계에서 그들만의 고유한 문화적 정체성과 유일무이한 부요를 지니고 있습니다. 이는 외부 사람들의 사고로는 이해하기 어려운 비결정적인 공생 안에서 토착 부족들이 주변 환경과 맺는 밀접한 관계 덕분입니다.

> "예전에 뛰놀던 들판에는 강물이 흐르고
> 동물과 구름과 나무가 어우러졌는데.
> 언젠가 나무와 강이랑 들판이 사라져
> 어디에서도 보이질 않고
> 아이의 마음속에서만 뛰노네."[12]

> "강물을 네 피로 삼아 (……)
> 너 자신을 심고
> 싹을 틔우고 자라나라.

---

12 후안 카를로스 갈레아노, 'Paisajes', 『Amazonia y Otros Poemas』, 콜롬비아 엑스테르나도대학교, 보고타, 2011, 31쪽.

네 뿌리를

영원토록 땅에 박아

마침내 카누,

돛단배, 뗏목,

흙과 질그릇,

농막이 되고 사람이 되어라."¹³

32. 인간 공동체와 그들의 생활 양식과 세계관은 그 지역의 영토만큼이나 다양합니다. 지형과 그의 가능한 조건에 적응해야만 하였기 때문입니다. 어부는 내륙에서 사냥하거나 채집하며 살아가는 사람들이나 강물이 범람하는 지역을 경작하며 살아가는 사람들과 같지 않습니다. 오늘날에도 아마존 지역에는 수많은 토착 부족 공동체와 아프리카 후손들과 강가의 사람들과 도시 거주민들이 있습니다. 이들은 서로 다르지만 인간의 큰 다양성을 그러안고 있습니다. 각각의 땅과 그 특성 안에서, 하느님께서는 당신 자신을 드러내시고 그 안에 당신의 무한한 아름다움을 반영해 주십니다. 따라서 서로 다른 공동체들이 주변 환경과 생생한 통합을 이루며 고유한 형태의 지혜를 발전시켜 나갑니다. 외부에서 이들을 바라보는 우리는 우리 자신만의 사고방식과 경험에만 기초하여 부당한 일반화나 단순화된 주장과 결론을 내리는 일을 삼가야 합니다.

13 하비에르 이글레시아스, 'Llamado', 『Revista Peruana de Literatura』 제6호(2007년 6월), 31쪽.

뿌리 돌보기

33. 여기서 저는, "오늘날 세계화된 경제로 조장된 소비주의적 관점은 문화의 획일화를 추구하고 모든 인류의 보화인 엄청난 문화적 다양성을 약화시킨다."라는 사실을 지적하고자 합니다. 이는 특히 젊은이들에게 영향을 미칩니다. "자신의 출신과 배경만의 고유한 특성이 모호해지고 젊은이들을 일종의 조작 가능한 신상품처럼 획일화시켜 버립니다." 인간성이 메말라 가는 이 과정을 막으려면, 우리의 뿌리를 사랑으로 돌보아야 합니다. 이 뿌리는 "우리가 성장하고 새로운 도전들에 맞설 수 있게해 주는 구심점이 되기" 때문입니다. 저는 아마존 지역의 젊은이, 특히 토착 부족들에게 촉구합니다. "여러분의 뿌리를 돌보십시오. 그 뿌리에서 여러분을 성장시키고 꽃피우며 열매 맺게 하는 힘이 나오기 때문입니다." 세례 받은 이들에게, 이러한 뿌리는 우리 시대까지 이어지는 이스라엘 백성의 역사와 교회의 역사를 포함합니다. 뿌리를 아는 것은 기쁨의 원천이 되고, 고결하고 용감한 행동을 촉구하는 희망의 원천이 됩니다.

34. 수 세기 동안, 아마존 민족은 그들의 문화적 지혜를 신화와 전설과 이야기를 통하여 구두로 전하였습니다. "숲을 가로질러 가면서 이 마을에서 저 마을로 이야기를 전하는 초기의 이야기꾼들 덕분에 공동체는 계속 활기를 유지하였습니다. 이러한 이야기의 탯줄이 없었다면, 소원하고

부족한 의사소통으로 공동체는 뿔뿔이 흩어지고 와해되어 버렸을 것입니다." 그러하기에 "노인들이 자신의 긴 이야기를 들려주도록 하는 것"과 젊은이들이 잠시 멈추어 이 샘에서 물을 마시는 것이 중요합니다.

35. 이러한 문화적 풍요로움이 사라져 버릴 위험이 점점 더 커지고 있습니다. 그러나 하느님께 감사하게도, 최근 일부 민족들이 자신들의 역사를 기록하고 자신들 관습의 의미에 대하여 서술하기 시작하였습니다. 이러한 방식으로 그들은 자신들이 민족 정체성 이상의 것을 소유하고 개인과 가정과 공동체의 소중한 기억의 지킴이라는 사실을 명확히 인식할 수 있습니다. 자신의 뿌리에서 멀어졌던 사람들이 자신의 상처 입은 기억을 되찾으려고 노력하는 모습을 저는 기쁘게 바라봅니다. 다른 한편으로, 전문 분야에서도 아마존의 정체성에 대한 인식이 증진되어 왔습니다. 이민 후손들에게도 아마존 지역은 예술적·문학적·음악적·문화적 영감의 원천이 되었습니다. 그곳의 물과 숲과 약동하는 생명과 문화적 다양성과 생태적·사회적 도전은 특히 다양한 예술과 시에 영감을 주었습니다.

문화 간 만남

36. 모든 문화적 현실처럼, 아마존의 문화들도 한계를 지닙니다. 서구 도시 문화도 마찬가지입니다. 더 발전되었다고 여겨지는 문화도 소비주의,

개인주의, 차별, 불평등과 같은 많은 약점을 지닙니다. 아마존 민족 공동 체들은 자연과의 상호 작용 안에서 강한 공동체 의식을 특징으로 하는 문화적 보화를 발전시켰습니다. 우리가 이른바 진보의 한가운데 파묻혀 미처 깨닫지 못한 어두운 면들을 그들은 기꺼이 알려줍니다. 그래서 그들의 삶의 체험을 귀담아듣는 것은 우리에게 도움이 될 것입니다.

37. 우리의 뿌리에서 시작하여, 함께 나누는 희망과 대화의 자리인 공동의 식탁에 둘러앉읍시다. 이러한 방식으로 서로를 구별하는 깃발이나 장벽이 되어 버릴 수도 있는 우리의 다름이 서로를 이어주는 다리가 될 수 있습니다. 정체성과 대화는 상치되는 것이 아닙니다. 다른 이들과의 대화를 통하여 우리의 문화적 정체성은 굳건해지고 풍요로워집니다. 또한 메마른 고립으로는 우리의 고유한 정체성을 지킬 수 없습니다. 저는 어떠한 종류의 혼혈mestizaje도 거부하는 완전히 봉쇄되고 역사와 무관하며 정체된 '인디헤니스모indigenismo'를 제안하려는 것이 결코 아닙니다. "인간의 진리에 대한 모든 교류와 토의를 거절하면서, 스스로 안에 갇히고 구태의연한 삶의 형태를 영속화하려 할 때" 문화는 메말라 버릴 수 있습니다. 문화적 침략으로부터 자신의 문화를 보호하는 것이 쉽지 않기에, 이는 비현실적으로 여겨질 수 있습니다. 따라서 모든 사람이 토착 부족들의 문화적 가치에 관심을 기울여야 하겠습니다. 그들의 풍요로움은 우리의 풍요로움도 되기 때문입니다. 우리 스스로가 인류를 아름답게 해주

는 다양성에 대한 공동 책임 의식을 증진하지 않으면서, 숲속에 사는 공동체들에게 무조건 '문명'에 열려 있으라고 요구할 수 없을 것입니다.

38. 아마존 지역의 다양한 토착 부족들 사이에서도 "다양성이 위협으로 제시되지 않는 문화 간 관계"가 증진될 수 있습니다. 이러한 관계는 "일부 사람들이 다른 이들 위에 군림하는 권력의 위계를 정당화하지 않으며, 축제와 상호 관계와 희망의 부흥에 관한 다양한 문화적 관점들을 반영하는 대화를 추구합니다."

위협받는 문화와 위험에 놓인 민족

39. 세계화된 경제는 파렴치하게 인간적·사회적·문화적 풍요로움에 해를 끼칩니다. 강제 이주의 결과로 생겨난 가정의 해체는 가치의 전수에 영향을 미칩니다. "가정은 언제나 우리의 문화가 계속해서 살아 있도록 하는 데에 가장 큰 공헌을 하는 사회제도였으며 지금도 그러하기" 때문입니다. 나아가 "대중 커뮤니케이션 수단을 통하여 식민지화하려는 침략에 맞서" 토착 부족들을 위하여 "그들의 고유한 언어와 문화를 바탕으로 커뮤니케이션의 대안적 형태"를 증진하고, "토속적인 주제들이 기존의 커뮤니케이션 수단을 통하여 소개되도록" 장려할 필요가 있습니다.

40. 아마존 지역에 대한 모든 계획에서 "민족들의 권리와 문화의 관점을 존중할 필요가 있습니다. 또한 한 사회 집단의 발전은 (……) 지역 사회 일꾼들이 자신의 고유한 문화 안에서 시작하는 지속적이고 적극적 참여가 필요하다는 사실을 인식해야 합니다. 삶의 질에 대한 개념은 강요될 수 없으며, 각 인간 집단에 고유한 상징과 관습의 세계 안에서 이해되어야 합니다." 토착 부족들의 선대 문화는 자연환경과의 친밀한 교류에서 시작되고 발전되었습니다. 따라서 그들은 환경 훼손으로 타격받지 않을 수 없습니다.

이 꿈은 다음의 꿈으로 이어집니다.

제4장 교회의 꿈

토착화

66. 늘 새롭게 케리그마[14]를 선포하는 교회는 아마존 지역에서도 성장해야 합니다. 그렇게 함으로써 교회는 이 땅의 사람들과 그 현실과 역사에 귀 기울이고 대화하면서 교회의 고유한 정체성을 계속 재형성해 나갑니

---

14 kerygma, 신약성경에서 비신자들에게 복음을 선포하는 일을 이르는 말 — 이탈리아판 편집자 주

다. 이러한 방식으로, 아마존 문화 안에 이미 있던 좋은 것은 아무것도 무시하지 않고 받아들이면서 복음의 빛으로 온전하게 해주는 필수적인 토착화 과정이 더욱더 증진될 수 있을 것입니다. 오랜 세월을 거치며 전해 내려온 그리스도교 지혜의 풍요로움도 교회는 무시하지 않습니다. 그 풍요로움을 무시한다면, 하느님께서 수많은 방식으로 활동하셨던 교회의 역사를 무시하는 것과 다름없습니다. 교회는 "공간적 관점만이 아니라 (……) 시간적 실재로도" 여러 형태의 얼굴을 지니기 때문입니다. 참다운 교회 전승이 중요합니다. 전승은 보관해 둔 물건도 박물관의 작품도 아니라 성장하는 나무뿌리입니다. 바로 이 천년의 교회 전승이 하느님께서 당신 백성 안에서 펼쳐 나가신 활동의 증거며, "타버린 재를 보관하기보다는 불꽃을 생생히 지켜 가는 사명을 지닌 것입니다."

67. 성 요한 바오로 2세 교황께서는 다음과 같이 이르셨습니다. 복음 메시지를 전할 때에 "교회는 문화의 자율성을 부정하려 하지 않습니다. 오히려 그 반대로 문화를 최대한 존중합니다." 문화는 "구원하고 고취해야 하는 대상일 뿐만 아니라, 중재하고 협력하는 역할도 할 수 있기" 때문입니다. 또한 아메리카 대륙의 현지인들에게 다음과 같은 사실을 상기시키셨습니다. "문화가 되지 않는 신앙은 이를 온전히 듣고 온전히 성찰하며 충실히 실천하지 않는 신앙입니다." 문화적 도전들은 교회가 "깨어 있는 비판적 자세"를 지니고 "신뢰와 관심"을 보여주도록 초대합니다.

68. 제가 권고「복음의 기쁨」에서 "은총은 문화를 전제로 하고, 이 하느님의 선물은 그것을 받아들이는 사람의 문화 안에서 구체화된다."라는 확신에 기초하여 말씀드린 토착화에 대한 내용을 여기서 다시 살펴볼 수 있습니다. 우리는 토착화 안에 이중의 움직임이 있음을 알게 됩니다. 한편으로는 그 지역에서 복음 선포가 결실을 맺게 해주는 생명력이 작용합니다. "한 공동체가 구원의 메시지를 받아들일 때마다, 성령께서는 변화를 가져다주는 복음의 힘으로 그 공동체의 문화를 풍요롭게 해주시기" 때문입니다. 다른 한편으로, 교회 스스로도 수용의 과정을 체험합니다. 교회는 이러한 과정을 통하여 성령께서 그 문화 안에 이미 신비로이 심어 놓으셨던 것들로 풍요로워집니다. 성령께서는 이러한 방식으로 "계시의 새로운 측면을 교회에 보여주시고 교회가 새로운 모습을 갖추게 하시어 교회를 아름답게 꾸며 주십니다." 궁극적으로, 마르지 않는 풍요로운 복음 선포가 "각 문화의 고유한 분야들"과 소통하고, "그 특정 문화와 새로운 종합을 이루게" 하고 장려하는 것이 중요합니다.

69. "교회의 역사 안에서 볼 수 있듯이, 그리스도교는 단순히 하나의 문화적 표현이 아닙니다." 또한 "그리스도교를 단일 문화적이고 천편일률적인 것으로 생각한다면, 우리는 강생의 논리를 올바로 받아들이는 것이 아닙니다." 그런데 복음 선포자들이 어떤 지역에 도착해서 빠질 수 있는 위험은 복음뿐만 아니라 그들이 자라난 문화도 전달해야 한다고 믿는 데

에 있습니다. "아무리 아름답고 오래된 것이어도 특정한 문화 형태를 강요하는" 것은 본질적인 것이 아니라는 사실을 그들은 망각하고 있는 것입니다. 예수 그리스도의 마르지 않는 보화를 통하여 늘 새로운 것을 창조하실 수 있는 성령의 새로움을 용기 있게 받아들여야 합니다. "토착화는 교회를 힘겨워도 꼭 필요한 여정으로 이끌기" 때문입니다. 참으로 "이 과정은 언제나 서서히 이루어지는데도 우리는 지나치게 두려움에 사로잡히고는 합니다." 그렇게 할 때 결국 우리는 "아무런 결실 없이 정체되어 가는 교회를 그저 방관하게 될 것입니다." 두려워하지 맙시다! 성령의 날개를 꺾어 버리지 맙시다!

아마존 토착화의 길

70. 교회가 아마존 지역에서 복음의 새로운 토착화를 이루려면 선인들의 지혜에 귀 기울일 필요가 있습니다. 연장자들의 목소리에 다시 한번 귀 기울이고, 원주민 공동체 생활 양식의 가치를 깨달아야 합니다. 또한 민족들의 소중한 이야기들을 시의적절하게 되살려내야 합니다. 우리는 아마존 지역에서 이미 콜럼버스 시대 이전의 문화에서 비롯된 풍요로움을 받아들였습니다. 여기에는 "하느님 활동에 대한 열린 마음, 땅의 결실에 대한 감사, 인간 생명의 거룩한 본성, 가정의 가치 존중, 공동 활동의 연대 의식과 공동 책임감, 예배의 중요성, 내세의 삶에 대한 믿음, 그 밖에

다른 많은 가치들"이 있습니다.

71. 이러한 맥락에서, 아마존 지역의 토착 부족들은 삶의 본질은 "행복한 삶Buen vivir"이라고 표현합니다. 이는 개인과 가족과 공동체의 화합과 우주의 조화를 포함하며, 삶을 공동체적으로 생각하는 방식, 금욕적이고 검소한 생활에서 기쁨과 충만함을 찾는 힘으로 드러납니다. 이는 미래 세대에게 필요한 자원들을 담는 자연을 책임감 있게 보살피는 것으로도 드러납니다. 토착 부족들은 기쁜 절제가 어떤 것인지 깨닫게 우리를 도와줄 수 있습니다. 이러한 의미에서 그들은 "우리에게 많은 것을 가르쳐 줍니다." 토착 부족들은 적은 것으로 만족할 줄 알고, 많은 것을 축적하지 않고도 하느님께서 주신 작은 선물들에 기뻐합니다. 불필요한 파괴를 일삼지 않으며 생태계를 보호합니다. 그들은 지구가 그들 생계를 위하여 스스로를 내어주는 너그러운 원천인 동시에, 존중 어린 부드러운 사랑을 촉구하는 모성의 차원을 지니고 있다는 사실을 인식합니다. 복음화 과정에서는 이 모든 것을 소중히 여기고 고려해야 합니다.

72. 아마존 토착 부족들을 위하여 그들과 함께 투신하면서 우리는 "그들의 친구가 되고, 그들에게 귀 기울이며, 그들을 이해하고, 하느님께서 그들을 통하여 우리에게 전달하고자 하신 그 신비로운 지혜를 받아들이도록 부름 받고 있습니다." 도시민들은 만족할 줄 모르는 소비주의와 도시

의 고독에 맞서 이러한 지혜에 대한 인식과 '재교육'이 필요합니다. 교회 자체도 문화의 회복을 돕는 매개체가 될 수 있습니다. 교회의 복음 선포로 문화가 효과적인 종합을 이루어 회복될 수 있는 것입니다. 도시 공동체들이 그들 가운데에 있는 이들에게 선교사가 될 뿐만 아니라, 비참한 상황에 쫓겨 내륙에서 들어온 가난한 이들을 환대로 맞이할 때에, 교회는 또한 사랑의 도구가 됩니다. 이와 마찬가지로, 도시 공동체들이 청년 이주민들 곁에 있어 주면서 그들이 타락의 그물망에 걸려들지 않고 도시 안에 통합될 수 있게 도와줄 때에도, 교회는 사랑의 도구가 됩니다. 사랑에서 비롯되는 이러한 교회의 행동들은 토착화 과정 전체에 소중한 도움이 됩니다.

73. 더 나아가 토착화는 고양시키고 완성시키는 것입니다. 모든 피조물이 상호 연결되고 상호 의존한다고 여기는 토속적 신비주의는 분명 존중받아야 합니다. 선물로 받은 삶을 사랑하는 무상성의 정신, 수많은 생명을 품은 압도적인 자연 앞에서 느끼는 거룩한 경외심은 존중받아야 합니다. 그러나 이처럼 온 우주에 현존하시는 하느님과 맺는 관계가 우리 삶을 지탱해 주시고 우리 삶에 의미를 부여하고자 하시는 '하느님 당신'과 맺는 더욱 인격적인 관계가 되도록 노력하는 것도 중요합니다. 하느님은 우리를 알고 사랑하시는 분이십니다.

"나는 고목, 그림자 두둥실 드리우네.

그러나 별은 흠 없이 태어난다네,

물과 밤을 정복해 버리는

이 어린아이의 능숙한 손길 위에서.

내가 태어나기 전부터

당신은 나를 온전히 아시니

이를 깨닫는 것으로 나는 족하네."[15]

74. 마찬가지로 참하느님이시며 참인간, 해방자이시며 구원자이신 예수 그리스도와 이루는 관계도 토착 부족들이 지닌 특징인 이 독특한 우주적 세계관과 상치되는 것이 아닙니다. 그분께서는 만물 안에 스며들어 계시는 부활하신 분이기 때문입니다. 그리스도교 체험에 따르면, "물질세계의 모든 피조물은 강생하신 말씀 안에서 그 참된 의미를 찾습니다. 하느님의 아드님께서 몸소 물질세계의 일부를 취하시고 궁극적인 변화의 씨앗을 세상 안에 심어 주셨기 때문입니다." 성자께서는 영광스럽고 신비한 방식으로 강과 나무, 물고기와 바람 안에 현존하십니다. 변모된 상처를 간직하신 채 피조물을 다스리시는 주님이시기 때문입니다. 또한 주님께서는 성체성사 안에서 이 세상의 구성 요소들을 취하시어 만물에 파스

---

15 페드로 카살달리가, 'Carta de navegar(Por el Tocantins amazónico)', 『El Tiempo y la Espera』, 산탄데르, 1986.

카 은총의 의미를 부여해 주십니다.

사회적 · 영적 토착화

75. 많은 아마존 주민들이 놓인 가난과 방임의 상황을 감안하여, 이러한 토착화에는 반드시 확고한 인권 수호가 수반되는 강력한 사회적 노력이 따라야 합니다. 이렇게 할 때에 그리스도의 얼굴이 찬란히 빛나게 될 것입니다. 그리스도께서는 "각별한 자애로 가장 가난한 이들과 가장 힘없는 이들을 당신 자신과 동일시하고자 하셨습니다." 참으로 "복음의 핵심에서 우리는 복음화와 인간 증진 사이에 긴밀한 관계가 있음을 알게 됩니다." 그리스도인 공동체들에게 이것은 '버려진 이들'의 발전을 위하여 일함으로써 정의로운 하느님 나라를 이룩하는 데에 확고히 헌신한다는 의미입니다. 이러한 목적을 위하여 교회의 사회 교리로 사목자들을 적절히 양성하는 것이 그 무엇보다 중요합니다.

76. 동시에 아마존 지역의 복음의 토착화는 영적 차원과 사회적 차원을 더욱 잘 통합해야 합니다. 그리하여 가장 가난한 사람들이 교회 밖에서 초월적 차원을 향한 그들의 갈망에 응답해 줄 영성을 찾아 나설 필요가 없게 해야 합니다. 그러나 이는 더욱 품위 있는 삶에 대한 사회적 요구를 묵살해 버리는 고립되고 개인적인 종교심을 뜻하는 것이 아닙니다. 마치

인간은 물질적 발전만으로 충분하다는 듯이 초월적·영적 차원을 무시한다는 뜻도 아닙니다. 우리는 이 두 차원을 연결 지을 뿐만 아니라, 가장 깊이 결속시키라는 부름을 받습니다. 이렇게 할 때에 복음의 참아름다움이 빛나게 될 것입니다. 복음의 참아름다움은 온전한 인간다움을 지니고, 개인들과 민족들에게 온전한 존엄을 찾아주며, 마음과 삶 전체를 충만하게 해줍니다.

교회 일치와 종교 간 차원에서 함께 살아가기

106. 다종교 지역인 아마존에서 믿는 이들은 공동선과 가난한 이들의 발전을 위하여 함께 대화하고 행동할 수 있는 자리를 모색할 필요가 있습니다. 이는 우리가 우리와 생각이 다른 이들과 만날 때, 우리를 긴밀히 이어주는 우리의 깊은 믿음을 얼버무리거나 숨기라는 의미가 아닙니다. 우리가 성령께서 서로 다른 사람들 안에서 활동하실 수 있다는 사실을 믿는 사람이라면, 우리의 믿음과 정체성으로 깊이 받아들이는 이러한 통찰력을 통하여 스스로 더욱 풍요로워질 수 있게 노력해 나갈 것입니다. 더 깊고 확고하고 풍요로운 정체성을 지닐수록 우리는 우리 자신의 고유한 기여로 다른 이들을 더욱 풍요롭게 만들 수 있을 것입니다.

107. 우리 가톨릭 신자들은 성경의 보화를 소유하고 있습니다. 다른 종

교들은 성경을 받아들이지는 않지만, 그들도 흔히 관심 있게 성경을 읽고 그 일부 내용을 소중히 여길 줄도 압니다. 우리도 마찬가지로 다른 종교들과 종교 공동체들의 거룩한 경전에 대하여 그렇게 하려 합니다. 다른 종교들도 "계율과 교리"를 지니고 있고, "그것이 (……) 모든 사람을 비추는 참진리의 빛을 반영하는 일도 드물지 않습니다." 또한 우리에게는 일곱 성사(세례, 견진, 성체, 고해, 병자, 성품, 혼인성사—옮긴이 주)의 위대한 보화도 있습니다. 일부 그리스도교 공동체는 이 일곱 성사를 온전히 또는 동일한 의미로 받아들이지 않습니다. 우리는 예수님께서 세상의 유일한 구원자이심을 굳게 믿으면서, 이와 더불어 그분 어머니를 향한 깊은 신심도 키우고 있습니다. 이 점에서 모든 그리스도교파가 우리와 같지 않다는 것을 알고 있지만, 우리는 우리가 받은 그 따스한 모성애의 보화를 아마존 지역과 함께 나누는 것이 우리의 의무라고 느끼고 있습니다. 실제로 저는 성모 마리아께 드리는 말씀으로 이 권고를 마무리합니다.

108. 이러한 모든 차이 때문에 서로 원수가 되어서는 안 됩니다. 대화를 나누고자 하는 진심 어린 마음이 있다면, 다른 이가 말하고 행동하는 것을 비록 우리 고유의 믿음으로 받아들일 수 없어도 그 의미를 이해할 수 있는 역량이 길러집니다. 그렇게 할 때 우리의 믿음에 대하여 열린 마음으로 진솔하게 끊임없이 대화하며 공통점을 찾아가고, 특히 아마존 지역

의 선익을 위하여 함께 일하고 헌신할 수 있습니다. 모든 그리스도인을 일치시키는 힘은 엄청난 가치가 있습니다. 흔히 우리는 우리를 갈라놓는 것에만 지나치게 신경 쓰다가 정작 우리를 일치시키는 것에 대해서는 고마워하거나 소중히 여기지 않기도 합니다. 우리를 일치시키는 것은 우리가 현세적 내재론, 영적 공허함, 안일한 자기중심주의, 소비적이고 자기 파괴적 개인주의에 사로잡히지 않고 이 세상에서 살아가는 것입니다.

2장

관계의 재화를 중심으로 한
새로운 도약,
경제

경제

카를로 페트리니

2013년 4월 24일 오전 8시 45분경, 방글라데시의 수도 다카 인근의 사바르에서 8층 높이의 라나플라자가 붕괴되었다. 이 건물에는 여러 상점과 은행, 특히 미국과 유럽의 유명 패션 브랜드의 옷을 만드는 의류 공장들이 있었다. 사고가 일어나기 전날 건물에 균열이 발견되어 당일 은행과 상점은 문을 닫았지만 의류 회사들은 주문이 잔뜩 밀려 있어 계약한 납품 기일을 맞추기 위해 생산을 중단할 수가 없었다. 결국 라나플라자 붕괴 사고로 1,134명의 노동자가 사망했는데, 사망자들 가운데 대부분은 여성이었다. 이는 역사상 가장 큰 산업재해 중 하나였다. 건물 잔해에서 꺼낸 시체 중에는 아이들도 있었다. 자녀를 맡길 곳이 없던 엄마들은 회사가 아이들을 '보관'하기 위해 제공한 건물 안의 작은 공간을 사용했기 때문이다. 사고 이후 실시된 조사에 따르면 이 공장의 노동자들은 하루에 12시간 이상, 때로는 16시간에 이르는 교대 근무를 하면서 매달 100달러도 안 되는 급여를 받았다. 그로부터 몇 달 뒤인 같은 해 12월 1일, 이탈리아 섬유산업의 중심지 중 하나인 프라토에서도 의류업체 테레사 모다의 내부에서 일어난 화재로 이 회사에서 일하던 중국인 근로자 7명이 숨지는 사고가 발생했다. 화재 조사를 통해 당혹스러운 사실이 밝혀졌다. 불법 고용된 노동자들은 어떤 종류의 보험이나 연금 가입도 없이 시간당 3유로 미만의 급여를 받았던 것이다. 게다가 그들은 공장 구석의 임시 숙소에서 잠자다가 참변을 당했다. 더 나은 숙소를 구할 여유가 없는데다가 빡빡한 교대 작업 일정으로 공장에서 벗어날 시간이 없었기 때문이다. 그래서 매트리스와 취사 시설을 마련해 2명의 공장 관리자(당시 가까스로 탈출해서 구조된)를 포함한 11명이 그곳에서 숙식을 해결하고 있었다. 이 업체 역시 세계 곳곳에서 명성을 떨치는 고급 패션 브랜드 회사가 주문한 의류의 납품 날짜를 맞추기 위해 비인간적인 생활과 근로 조건을 강요했던 것으로 밝혀졌다.

방글라데시의 경우 사건 발생 7년 만에 사고로 목숨을 잃은 노동자 한 명당 200달러(200달러!!)의 보상금이 지급되었다. DNA 조사를 통해 진행된 확인 절차로 보상이 늦어진데다가 상당수의 고객사가 수년간 보상 기금 출연을 거부했기 때문이다. 그들은 협력업체가 어떻게 일하는지 알 필요가 없으며, 사고의 책임은 전적으로 공장의 소유자와 관리자에게 있다고 주장했다. 이후 몇 달 동안 방글라데시 섬유 노동자들의 시위는 경찰의 난폭한 대처로 진압되었고, 소심하게 이룬 유일한 성과는 고객 회사들이 고용 조건의 최소 기준을 감독하는 업무 안전 규약의 체결이었다. 그것도 모두 동의한 것이 아니라 일부 회사만 서명했다.

한편 프라토의 경우 사법부의 판단으로 일부 유죄 판결이 내려졌지만, 언론의 보도로 그와 유사한 착취와 위험한 현장의 실태가 속속 밝혀졌다. 베로나와 나폴리의 신발 공장과 피렌체의 가죽 제품 공장에서 일하는 이탈리아인들도 예외가 아니었다. 요컨대 이 문제는 국적이나 인종과 관련된 게 아니라 노동력 착취를 기반으로 지탱되는 생산 모델과 관련이 있다.

다른 사례를 살펴보자. 2012년 초 〈상하이 이브닝 포스트〉가 공개한 비디오는 몇 달간 세계적인 논란을 불러일으켰다. 중국 남부에 본사를 둔 다국적 기업 폭스콘은 애플, 노키아, 아마존, 마이크로소프트의 주요 공급사인데, 예를 들어 아이폰의 부품을 생산하고 조립하는 회사이다. 이 기업의 공장 내부에서 몰래 촬영한 영상은 그곳의 안타까운 상황을 그대로 보여주었다. 노동자들은 열악한 위생 상태에서 최소한의 안전 기준 없이 하루 16시간까지 힘겨운 교대 근무를 강요받았다. 비디오 장면에는 졸음과 싸우며 조립 라인에서 일하는 노동자들의 애처로운 모습도 고스란히 담겨 있었다. 그 일은 대중의 분노를 불러일으켰다. 그러자 애플사는 공개 사과한 뒤 공급 업체에 안전 기준과 고용 계약을 준수하도록 요청했다. 그로부터 2년 후 BBC는 어떤 조치가 취해졌는지 확인하기 위해 비밀리에 그 공장을 찾았으나 변한 게 전혀 없었다. 직원의 상당수는 졸업을 위해 어쩔 수 없이 일해야 하는 미성년의 인턴 사원이었고 급여는 적었다. 그리고 빠른 작업 속도와 폭력, 스트레스를 견디다 못한 노동자가 옥상에서 뛰어내려 자살하는 사례가 여러 건 발생했다. 보복과 위협에 대한 두려움으로 취재진의 질문에 대답하는 사람은 거의 없었다.

기술력을 가진 대기업의 주문을 받기 위해 치열한 경쟁에 참여한 회사는 불가피한 지연이나 지체, 실수를 용납하지 않는 등 노동자들의 희생을 요구했다. 자살 사건이 연이어 발생하자 회사는 낙하를 막기 위한 망을 설치했을 뿐이다. 이곳에서 중요한 것은 가능한 최저 비용으로 아주 빠르게 제품을 생산하는 것이고, 두려운 것은 다른 경쟁자에게 일감을 뺏기는 것이다. 세계화의 경이로움은 전 세계를 하나의 나라로 만들었고, 경쟁력이라는 절대적 기준 앞에서 영토의 제약은 사라졌다. 중국에서 인건비가 오르면 베트남, 캄보디아, 인도네시아로 이동하면 그만이다.

시멘트나 금속 생산, 플라스틱 제조, 광산업에 이르기까지 다양한 분야의 현장에서 같은 사례를 발견할 수 있다. 그러나 익히 알려진 사례를 인용하는 것은 진부한 설명이 될 수 있기에 가까이서 지켜본 부문과 관련해 서술하고자 한다.

내 삶은 항상 음식을 중심으로 돌아갔다. 처음에는 순수한 즐거움에서, 그다음은 열정과 일을 위해서, 마지막은 정치적 신념에서 그랬다. 음식은 완전히 다른 영역들을 연결시키고 참고하고 상호작용하도록 하는 무한한 우주이며, 완벽한 이해가 불가능할지라도 지속적으로 탐구할 가치가 있다. 어쨌든 음식은 자연스러운 것이다. 먹는 것은 지구상 모든 인간(더 정확하게는 모든 생물)의 일차적 문제이자 요구이며, 이 귀중한 자산에 대한 접근은 항상 개인과 사회적 행동에 영향을 미쳤다. 요컨대 새로운 것은 없다. 필수적이고 대체 불가능한 음식은 우리를 살아있게 하고, 온전히 깨닫지 못하더라도 많은 문을 여는 열쇠가 되어 준다.

지난 2세기 동안 우리는 생산과 공급 과정에 대한 인식을 점점 잃어가고 있다. 음식 구하기가 갈수록 쉬워졌는데, 이는 2차 세계대전 이후로 전례 없이 가속화된 경향을 띤다. 식탁에 접시를 놓을 필요성이 점차 줄어들었을 뿐 아니라 생산 현장에서 식탁에 이르는 경로는 유기적으로 복잡하게 얽혀 있는 과정을 따라 한참 거슬러 올라가야 한다. 그러나 가장 필수적인 식량 생산조차 착취와 약탈의 논리에서 예외가 아니다. 우리가 식량을 손쉽게 구한다는 사실(마트만 가도 모든 것을 쉽게 저렴한 비용으로 살 수 있음)은 큰 힘을 휘두르는 소수의 손에 수익을 보장하면서 전반적인 상황을 악화시키는 데 기여했다. 다른 장에서 이주민과 관련해 불법 고용 문제를 다루겠지만 우리는 노동 착취 외에도 환경 파괴, 생물 다양성을 해치는 단작[作], 목장주와 농부에게 손실을 강요하는 이른바 '고삐' 계약도 진지하게 고려해야 한다. 이처럼 음식은 뭔가가 잘못되었다는 사실에 대한 본보기를 제시해준다.

문제는 직원들을 착취하는 악덕 기업가를 처벌하거나 이윤 극대화에만 관심을 둔 열악한 생산 시설을 고발하는 것만으로 끝나지 않는다는 점이다. 그리고 전 세계 외진 지역에서 불법 고용을 관리하는 범죄 조직을 기소하는 것만으로도 충분하지 않다. 우리는 개인의 비판을 덮어버리려는 목적 아래 어떤 한정된 개입을 무효로 만드는 구조적 문제에 직면해 있다. 제대로 작동하지 않는 경제 체제는 번영과 진보를 보장받았던 서양 사회(식민지화와 신식민지화 덕분에 다른 나라들에 비해 엄청난 경쟁우위를 차지할 수 있었던)에서 해방과 인간 발전의 도구라고 생각할 수 없게 되었다. 통계에 따르면 밀레니얼 세대는 인류 역사상 처음으로 부모 세대보다 더 가난할 것이라고 한다. 프란치스코 교황은 밀라노에서 열린 2015 엑스포 회의에 보낸 메시지에서 지금의 경제는 죽음을 부른다고 지적했다. 사바르의 노동자 1,134명과 프라토의 7명, 폭스콘의 수십 명에 달하는 자살자는 말 그대로 자본주의에 의해 죽임을 당했다.

많은 학자가 현재 우리는 '포스트이데올로기 시대'를 살아가고 있다고 규정했다. 이 용어는 현실에 대한 해석과 조직화의 대안 체계로, 자본주의와 사회주의의 역사적 대립이 베를린 장벽의 붕괴와 소련 해체로 확실히 극복되었음을 의미한다. 본질적으로 오늘날은 어떤 반대도 없다는 것을 당연하게 여긴다. 자유자본주의는 우리 공동체가 주문하는 '최고의 가능 모델'로 부상하면서 전반적으로 승리를 거둔 것처럼 보인다. 경제를 관리하는 방식뿐 아니라 전체적인 사회 구조에서 그렇다. 이런 전제 아래서는 두 가지 태도를 취할 수 있다. 있는 그대로 받아들이거나 그것이 정말 사실인지 자문하는 것이다.

나는 이것이 모두에게 최선이 아니라고 여기기 때문에 계속해서 다른 가능한 모델을 찾아야 한다고 생각한다. 현 체계를 극복하자는 주장은 입바른 소리에 지나지 않을 수 있지만, 여기서부터 첫걸음이 시작된다. 우리가 생활하고 상품을 구매하고 인터넷에서 관계를 이어 나가는 방식은 필연적으로 동전의 반대편, 즉 생산 현장의 착취와 폭력의 정황을 동반하는 체계에 기반을 두고 있다. 그러므로 기존의 것을 타파하는 새로운 패러다임을 계발하고 모두에게 합당하고 설득력 있고 품위 있는 세상을 재건하려는 시도가 더욱 중요하다고 하겠다.

모든 인류에게 생존과 자녀 교육, 개인의 능력 함양을 위해 필요한 것을 보장하는 세상을 지향해야 한다. 이는 인간이 해방되지 못한 무능과 무력의 경험을 다시 제안하는 것이 아니라 이 행성에서 고통 가운데 살아가는 사람들이 있는 한 절대 사라지지 않을 평등, 보편적 형제애, 연대를 회복하는 것이다. 우리 사회는 대부호들의 재산이 증가할수록 가난하고 고단한 사람이 한층 더 늘어나는 모순을 안고 있기 때문이다.

코로나19 비상사태로 위급했던 몇 주 동안 시골에서 일하는 이민자들에게 체류 허가증을 부여할 것인지에 대한 정부의 논의는 내게 신선한 충격이었다. 그 논의는 우리 식탁에 과일과 채소를 올리기 위해서는 그들의 노동력이 필요하고, 순전히 경제적 이유와 생산을 위해 정규화 조치가 필요하다는 사실을 중심으로 진행되었다. 이민자들을 고용하지 않으면 누가 우리의 토마토를 대신 따겠느냐 하는 문제였다. 그런데 이 권리를 부여하는 권한을 가진 사람들에게 직접적인 경제적 이득이 있는 경우에만 이민자는 우리 영토에서 정식으로 살 권리가 있는 것일까? 그러나 이런 의문을 제기한 사람은 거의 없었다. 여하튼 법안은 통과되었고 (일시적인 허용에 한해), 야당은 격렬하게 반대하며 정부를 향해 분노를 터뜨렸다. 소셜 네트워크에 쏟아진 증오와 폭력의 물결은 말할 것도 없다. 이탈리아의 이런 실정은 시민으로서 우리의 가치와 신념에 대해 의문을 제기하도록 만든다.

팬데믹의 끔찍한 경험은 우리에게 다시 생각하는 계기가 되고 있다. 어려운 시기를 지나면서 우리는 자연재해조차도 모든 사람에게 똑같이 영향을 끼치지 않고, 사회적 피라미드의 꼭대기에 위치한 사람이 기저에 위치한 사람들보다 회복을 위한 도구를 더 많이 가지고 있다는 사실을 보았다. 그렇다면 무엇을 할 것인가? 다시 시작하기 위한 첫 단계는 적어도 이미 작동하지 않는 것으로 입증된 도구들을 재사용하지 않는 것이다. 이 장의 서두에서 인용한 사례들은 우리가 저렴하고 쉽게 구할 수 있는 제품의 이면에 수용할 수 없는 사회적 비용이 숨겨져 있다는 사실을 보여준다. 우리는 여기서부터 다시 시작할 수 있다. 제품의 기원과 공급 네트워크의 현실, 노예의 조건을 덮어 둔 채 소비자들이 광고에 현혹되어 구매의 소용돌이에 빠질 준비가 된 체계에 대해 의문을 제기해야 한다. 이런 논의는 경제 분야뿐 아니라 모든 영역에 적용된다. 요점은 인류학적으로 진정한 도약을 할 때가 되었다는 것이다. 19세기 영국의 경제학자 존 스튜어트 밀은 호모에코노미쿠스^{homo economicus} 개념으로 자신의 사익을 독점적으로 극대화하는 인간상을 제시했다. 2차 산업혁명 당시 탄생한 이 표현은 그때부터 인간 행동의 접근 방식을 효과적으로 나타내 보여주었다. 결국 우리는 자신을 경제적 인간으로 여기게 되었고, 그 정의에 근거해 우리의 태도와 생각을 지향하게 되었다. 2세기가 지난 현재 우리는 자신을 식별하는 새로운 패러다임을 만들어내야 한다. 그것은 바로 공동체 인간^{homo comunitarius}이다. 우리는 무엇보다도 자신을 다시 세우고 생각의 범주를 재설정하여 인류 공동체 전체의 해방과 복지의 물결을 향해 나아가야 한다.

최고경영자나 축구선수가 기간제 교사보다 1,000배나 많은 돈을 벌어도 눈 하나 깜짝 안 하는 세상에 살고 있다. 커피를 재배하는 농부의 수익은 시장 가치의 10%가 채 되지 않고, 노동의 불안정성과 수십 년에 걸친 공공 지출의 감소는 취약 계층에 타격을 주고 위기의 순간에 가장 큰 대가를 치르게 한다. 우리는 이 모든 것을 정상으로 여기고 발전 과정에서 흔히 발생하는 문제라고 여긴다. 그러나 이렇게 해서 이루어진 발전은 공동의 집과의 관계를 파괴하고 우리를 불안하고 두렵게 만들고 폐쇄와 의혹으로 몰아넣는다. 이처럼 불평등을 기반으로 하는 사회는 미래가 없다.

따라서 공동체 인간은 기존 가치의 척도를 뒤집고 경쟁이 아닌 연대를 지향해야 한다. 그리고 강자가 아닌 약자가 집단의 리듬을 지시하고, 관계가 존재의 중심에 있고, 필수적 재화는 공동의 재화로 관리되어 모두에게 보장되어야 한다는 가정에서부터 생각하고 행동해야 한다. 그런 다음 공동의 재화와 관계의 재화는 새로운 조직과 권력 구조의 초석이 되어 금융 시장과 증권거래소의 횡포를 종식시킬 것이다. 이런 경로를 유지하면서 쓰레기와의 끈질긴 전쟁, 친환경적인 대체 에너지 개발, 불필요한 소비 제한, 금융통화제도 개혁 등 현안에 맞서야 한다.

우리는 지난 몇 달간 어려운 상황에서 많은 긍정적 발상이 탄생하고 발전하는 것을 목격했다. 재택근무에 따른 긴급 보육에서부터 비상사태의 자체 생산에 이르기까지 자원봉사와 지원, 참여와 연대가 이어졌다. 경청과 아량, 보살핌과 정서적 지혜, 대화와 호혜는 아름다운 영혼의 변덕이 아니라 새로운 경제 체제의 중심 요소로 간주해야 한다. 경제 체계는 우리 집을 돌보기 위해 만들어졌다는 깊은 의미를 되새겨야 한다. 우리 집은 공동의 것이고, 현재 사는 사람들과 앞으로 살아가야 할 사람들을 위해 모든 이가 깨끗하고 따뜻하고 풍요로운 집으로 가꾸어야 한다.

우루과이의 전 대통령 호세 무히카는 연설에서 여러 차례 단순하지만 강력한 삶의 철학을 피력했다. "우리는 행복하기 위해 사는 것이지 물건을 소유하기 위해 사는 게 아닙니다. 우리는 구매에 필요한 돈을 벌기 위해 걸린 시간으로 그것들을 얻습니다. 그런데 시간보다 더 가치 있는 게 있을까요?" 우리는 많은 것을 소유하는 데 시간을 낭비하지 않음으로써 터보자본주의의 최대 희생물인 관계의 재화를 얻을 수 있다. 관계의 재화는 우리가 행위자인 관계에서 파생되는 긍정적(나쁜 관계일 경우에는 부정적) 외부 효과다.

관계의 재화에는 우정과 신뢰, 협력과 호혜, 사회적 미덕과 결속, 연대와 평화가 있다. 그뿐이 아니다. 이 범주에는 기업의 근무 환경, 도시의 안정감 또는 불안감, 가족과 직장 내의 관계 등 더 복잡하고 명확한 부문이 포함된다. 이를 유토피아적인 발상이라고 생각하는 사람이 있을 테지만 그렇지 않다. 레오나르도 베체티와 피에르파올로 도나티 등 현대 경제학자들과 시민경제학에서는 관계의 재화가 사회적 영향뿐 아니라 경제적으로도 중요하다고 확신했다. 관계재는 공동의 재화로 개인의 소유가 아니라 모든 구성원이 누려야 하는 것이다. 이는 관계가 수행되고 공유되고 참여할 때만 존재하기에 나눌 수 없다. 그것은 팔거나 살 수 없고 가꾸고 보호할 수만 있다. 따라서 개인의 사적이고 사회적인 정체성은 관계의 재화에 달려 있다. 그러나 호모에코노미쿠스 이론에서는 개인의 정체성은 전적으로 각자가 선택한 결과라고 강조하며 공동체와 사회의 개념을 배제하고 있다. 마르크스에게 생산 관계는 사회 전체가 번성하는 구조였다. 우리가 공동의 재화와 관계의 재화를 중심에 두고 나아간다면 터널 끝의 빛을 기대할 수 있을 것이다.

복음의 기쁨 [16]

프란치스코 교황

오늘날 세상의 도전들

52. 다양한 분야에서 이루어지고 있는 진보로 알 수 있듯이 오늘날의 인류는 역사적 전환기를 겪고 있습니다. 사람들의 복지 향상을 위하여 건강과 교육과 커뮤니케이션과 같은 분야에서 진일보하였다는 점에서는 기뻐할 수 있습니다. 그러나 우리 시대의 사람들 대부분이 하루하루 힘겹게 살아가고, 이 때문에 비참한 결과가 빚어지고 있다는 점을 잊어서는 안 됩니다. 수많은 질병이 확산되고 있습니다. 많은 사람, 심지어 강

---

16 「복음의 기쁨Evangelii Gaudium」은 현대 세계의 복음 선포에 대해 주교와 신부, 부제輔祭, 봉헌 생활자와 평신도에게 보내는 프란치스코 교황의 교황 권고(로마, 2013년 11월 24일)이다.

대국이라 불리는 나라의 사람들조차 두려움과 절망에 사로잡혀 있습니다. 살아 있다는 기쁨이 자주 퇴색되고, 다른 이들에 대한 존중이 갈수록 결여되며, 폭력이 증가하고, 사회적 불평등이 더욱 심화되고 있습니다. 살기 위해서, 흔히 인간의 품위마저 버린 채 살기 위해서라도 고군분투 해야 합니다. 이러한 시대적 변화는 양적으로 질적으로 집적되는 급속도의 엄청난 도약에서 비롯된 것입니다. 이는 과학의 진보와 기술 혁신에서 그리고 자연과 생활의 다양한 분야에서 이루어지는 그 신속한 적용에서 확인됩니다. 우리는 새로우면서도 흔히 익명의 권력 형태로 이어지는 지식과 정보의 시대에 살고 있습니다.

배척의 경제는 안 된다

53. "살인해서는 안 된다."는 계명이 인간 생명의 가치를 지키기 위하여 분명한 선을 그어 놓은 것처럼, 오늘날 우리는 "배척과 불평등의 경제는 안 된다."고 말해야 합니다. 그러한 경제는 사람을 죽일 뿐입니다. 나이든 노숙자가 길에서 얼어 죽은 것은 기사화되지 않으면서 주가지수가 조금만 내려가도 기사화되는 것이 말이나 되는 일입니까? 이것이 바로 배척입니다. 한쪽에서는 굶주림에 시달리는 사람들이 있는데도 음식이 버려지고 있는 현실을 우리는 더 이상 가만히 보고 있을 수만은 없습니다. 이는 사회적 불평등입니다. 오늘날 모든 것이 경쟁의 논리와 약육강식의

법칙 아래 놓이게 되면서 힘없는 이는 힘센 자에게 먹히고 있습니다. 그 결과 수많은 사람이 배척되고 소외되고 있습니다. 그들에게는 일자리도, 희망도, 현실을 벗어날 방법도 없습니다. 인간을 사용하다가 그냥 버리는 소모품처럼 여기고 있는 것입니다. 우리는 '버리는' 문화를 만들어 왔고 지금도 확산되고 있습니다. 이제는 문제가 단순히 착취와 억압 현상이 아니라, 전혀 새로운 어떤 것입니다. 배척은 우리가 살고 있는 사회에 속하느냐 그렇지 않느냐의 문제입니다. 왜냐하면 배척된 이들은 더 이상 사회의 최하층이나 주변인이나 힘없는 이들이 아니라, 사회 밖에 있는 사람들입니다. 그들은 '착취된' 이들이 아니라 쫓겨난 이들, '버려진' 사람들입니다.

54. 이러한 맥락에서 일부 사람들은 자유 시장으로 부추겨진 경제 성장이 세상을 더욱 정의롭고 평등하게 만들 것이라고 주장하는 '낙수 효과trickle-down' 이론을 여전히 옹호하고 있습니다. 사실로 전혀 확인되지 않은 이러한 견해는 경제권을 쥐고 있는 이들의 선의와 지배적인 경제 제도의 신성시된 운용 방식을 무턱대고 순진하게 믿는 것입니다. 그러는 동안 배척된 이들은 계속 기다리고 있습니다. 다른 이들을 배척하는 생활 양식을 유지하고자, 또는 이기적인 이 이상을 열광적으로 좇고자 사람들은 무관심의 세계화를 펼쳐 왔습니다. 알게 모르게 우리는 다른 이들의 고통스러운 절규 앞에서 함께 아파할 줄 모르고 다른 이들의 고통

앞에서도 눈물을 흘리지 않으며 그들을 도울 필요마저 느끼지 못하게 되었습니다. 이 모든 것이 마치 누군가의 책임이지 우리 자신의 책임은 아니라고 생각하는 것입니다. 잘 먹고 잘살자는 문화가 우리를 마비시키고, 시장에 새 상품이 나오면 사고 싶어서 안달을 합니다. 반면에 기회의 박탈로 좌절된 모든 이의 삶은 우리의 마음에 전혀 와 닿지 못하고 단순한 구경거리로 여겨지고 있습니다.

돈의 새로운 우상은 안 된다

55. 이러한 원인들 가운데 하나를 우리와 돈의 관계에서 찾아볼 수 있습니다. 우리는 돈이 우리 자신과 우리 사회를 지배하도록 순순히 받아들이고 있기 때문입니다. 우리가 겪고 있는 현재의 금융 위기는 그 기원에 심각한 인간학적 위기가 있다는 것도 간과하게 만들고 있습니다. 곧 인간이 최우선임을 부정하고 있는 것입니다! 우리는 새로운 우상을 만들어냈습니다. 고대의 금송아지에 대한 숭배(탈출 32,1-35 참조)가 돈에 대한 물신주의라는, 그리고 참다운 인간적 목적이 없는 비인간적인 경제 독재라는 새롭고도 무자비한 모습으로 바뀌었습니다. 금융과 경제에 타격을 입히는 세계적 위기는 그 자체로 불균형을 보여주고 있으며, 무엇보다도 인간 이해에 대한 심각한 결여를 보여줍니다. 인간을 인간 욕구의 하나로만, 곧 소비욕의 존재로 전락시키는 것입니다.

56. 소수의 소득이 기하급수적으로 늘어나는 동안 대다수가 이 행복한 소수가 누리는 번영과는 더욱 거리가 멀어지고 있습니다. 이러한 불균형은 시장의 절대 자율과 금융 투기를 옹호하는 이념의 산물입니다. 이 이념은 공동선을 지키는 역할을 맡은 국가의 통제권을 배척합니다. 그리하여 눈에 보이지 않고 때로는 가상으로 존재하는 새로운 독재가 출현하여 일방적이고 무자비하게 자기 법과 규칙을 강요하고 있습니다. 또한 빚과 이자가 계속 불어나면서 국가들이 그 경제적 잠재력을 실현하지 못하고, 국민들은 실질적인 구매력을 행사하지 못하고 있습니다. 이에 더하여 널리 만연한 부패와 이기적인 탈세가 세계적 규모를 띠고 있습니다. 권력욕과 소유욕은 그 한계를 모릅니다. 이익 증대를 목적으로 모든 것을 집어삼키려 하는 이 체제 안에서 절대 규칙이 되어 버린, 신격화된 시장의 이익 앞에서 자연환경처럼 취약한 모든 것은 무방비 상태에 놓여 있습니다.

봉사하지 않고 지배하는 금융 제도는 안 된다

57. 이러한 태도 뒤에는 윤리와 하느님에 대한 거부가 숨어 있습니다. 대체로 사람들은 윤리를 경멸에 찬 냉소의 눈길로 바라봅니다. 사람들은 윤리가 돈과 권력을 상대화하기 때문에 비생산적이고 지나치게 인간적이라고 생각합니다. 또한 인간을 조작하고 타락시키는 것을 단죄하기에 윤리를 위협적이라고 느낍니다. 궁극적으로 윤리는 시장의 범주를 벗어

나는 책임 있는 응답을 요구하시는 하느님께 우리를 이끕니다. 사람들이 이 시장의 범주들을 절대화해 버리면 하느님께서는 통제할 수 없고, 다루기 힘들며, 위험하기까지 하신 분으로만 보이십니다. 하느님께서는 온전한 자아실현을 하고 온갖 예속에서 벗어나라고 인간을 부르고 계시기 때문입니다. 윤리, 특정 이데올로기를 따르지 않는 윤리는 균형과 더불어 더욱 인간다운 사회 질서를 가져다줄 수 있습니다. 이러한 의미에서 저는 금융 전문가들과 정치지도자들이 옛 현인의 말씀을 깊이 묵상해 보기를 권고합니다. "자신의 재산을 가난한 이들과 나누어 갖지 않는 것은 그들의 것을 훔치는 것이며 그들의 생명을 빼앗는 것입니다. 우리가 가진 재물은 우리의 것이 아니라 가난한 이들의 것입니다."

58. 금융 개혁에 윤리적 고려가 반영되려면 정치지도자들의 강력한 태도 변화가 필요합니다. 저는 정치지도자들이 개별 상황의 특수성을 감안하면서도 결단력과 통찰력을 가지고 이러한 도전에 맞서도록 촉구합니다. 돈은 봉사해야지 지배해서는 안 됩니다! 교황은 모든 사람을, 곧 부유한 이들과 가난한 이들을 똑같이 사랑하지만, 부유한 이들이 가난한 이들을 돕고 존중하고 북돋워 주어야 한다는 것을 그리스도의 이름으로 일깨워 줄 의무가 있습니다. 저는 여러분이 사심 없는 연대성을 지니고 경제와 금융에서 인간을 이롭게 하는 윤리로 되돌아갈 것을 권고합니다.

폭력을 낳는 불평등은 안 된다

59. 오늘날 많은 곳에서 우리는 더욱더 안전한 삶을 요구합니다. 그러나 사회 안에서 그리고 다양한 민족들 사이에 배척과 불평등이 사라지지 않는 한 폭력이 뿌리째 뽑힐 수는 없을 것입니다. 가난한 이들과 못사는 민족들이 폭력을 유발한다고 비난을 받지만, 균등한 기회가 주어지지 않으면 온갖 형태의 공격과 분쟁은 계속 싹을 틔울 토양을 찾고 언젠가는 폭발하기 마련입니다. 지역 사회든 국가 사회든 국제 사회든 한 사회가 그 일부 구성원을 소외시키려 하면, 어떠한 정책이나 공권력이나 감시 체제도 평온을 계속해서 보장해 주지 못합니다. 이는 단순히 불평등이 제도에서 배척당한 이들의 폭력적 반응을 유발하기 때문만이 아니라, 사회 경제 제도가 그 뿌리부터 불의하기 때문입니다. 선이 널리 퍼져 나가려 하는 것과 마찬가지로 악에 편승하는 것, 다시 말해 불의도 그 해로운 힘을 널리 퍼뜨려 탄탄해 보이는 정치적·사회적 제도라도 그 기반을 은연중에 파괴하려고 합니다. 모든 행동에는 결과가 따른다고 할 때, 한 사회 구조에 밴 악은 언제나 분열과 죽음의 잠재력을 지니고 있습니다. 이것은 불의한 사회 구조 안에 굳어져 버린 악으로, 더 나은 미래를 위한 희망의 바탕이 될 수 없습니다. 이른바 '역사의 종착지'까지는 아직 멀었습니다. 지속 가능하고 평화로운 발전의 조건들이 아직 적절히 마련되거나 실현되지 않았기 때문입니다.

60. 오늘날의 경제 운영 체제는 무분별한 소비를 부추기고, 그 결과 걷잡을 수 없는 소비 지상주의가 불평등과 결합되어 사회 조직을 이중으로 손상시키고 있습니다. 불평등은 결국 폭력을 낳습니다. 군비 경쟁은 그 어떠한 해결책도 되지 못하고 또 될 수도 없습니다. 이는 다만 더욱더 안전한 삶을 요구하는 이들에게 거짓된 희망을 줄 뿐입니다. 그러나 우리는 오늘날 무기와 폭력이 해결을 가져다주기보다는 오히려 새롭고 더욱 심각한 분쟁을 조장한다는 것을 알고 있습니다. 터무니없는 일반화에 빠져 가난한 이들과 가난한 나라들의 고통은 자업자득이라며 비난만 하는 이들도 있습니다. 그러면서 이들은 그들을 진정시키고 길들여 해를 끼치지 않는 존재로 만드는 '교육'만이 해결책이라고 주장합니다. 수많은 나라에, 그 나라의 정부와 기업과 기관 안에, 그 지도자들의 정치 이념이 무엇이든지 간에 매우 널리 퍼져 있고 깊이 뿌리박혀 있는 부패가 사회적 암 덩어리들로 자라나고 있는 것을 소외된 이들이 본다면, 이러한 주장은 더욱 기막힌 일이 될 것입니다.

사회운동 단체에 보낸 서한

프란치스코 교황

친구들에게

저는 종종 우리의 만남을 떠올립니다. 바티칸에서 두 차례, 볼리비아의 산타크루즈에서 한 차례 만남을 가졌죠. 저는 그 '기억'을 떠올릴 때면 흐뭇한 기분이 듭니다. 그러면서 여러분을 가까이 느끼고, 만남에서 나눴던 많은 대화와 거기서 태어나고 자라고 이후 상당수가 현실이 된 많은 꿈을 다시 생각합니다. 저는 지금 팬데믹의 한가운데서 특별한 방식으로 여러분을 다시 떠올리며 친밀감을 표하고자 합니다.

크나큰 역경과 고난의 시대입니다. 많은 사람은 우리에게 닥친 팬데믹의 상황을 전쟁에 비유해 말합니다. 코로나19와의 싸움이 전쟁이라면 여러분은 가장 위험한 참호에서 싸우는 보이지 않는 진짜 군대입니다. 아무도 혼자서는 자신을 구할 수 없는 요즘 군대가 지닌 무기는 연대와 희망, 공동체 의식밖에 없습니다. 지난 만남에서 말했듯 여러분은 내게 있어 진정한 '사회 시인'입니다. 다시 말해 배제된 사람들의 가장 긴급한 문제들을 해결하기 위해 기억에서 멀어진 주변부에서 엄숙한 태도로 대책을 제시하는 사람들입니다.

저는 여러분의 자질이 현재 체계에서 전혀 드러나지 않아서 인정받지 못하는 경우가 많다는 것을 압니다. 시장에서 지원하는 해결책은 국가의 보호 장치조차 부족한 주변부에 도달하지 않습니다. 그리고 여러분은 그 기능을 수행할 재원이 없습니다. 여러분은 불신에 찬 시선을 받기도 합니다. 주민 조직을 통해 단순한 자선 활동을 넘어서거나 경제 권력을 쥔 자의 식탁에서 떨어진 음식 부스러기를 줍기 위해 기다리는 대신 자신의 권리를 요구하기 때문입니다. 여러분은 특권이 유지돼야 할 이유가 전혀 없음에도 불평등이 계속되는 현실에 종종 큰 분노와 무력감을 느낄 것입니다. 그러나 자책하지 말고 소매를 걷어붙이고 가족과 이웃과 공동의 선을 위해 계속 일하십시오. 여러분의 이런 태도는 내게 도움이 되고 생각하게 만들고 큰 가르침을 줍니다.

저는 사람들을 생각합니다. 특히 무료 급식소에서 기적을 행하는 여성들을 생각합니다. 그들은 양파 두 개와 쌀 한 봉지로 맛있는 스튜를 만들어 수백 명의 아이를 먹입니다. 저는 병자들과 노인들을 생각합니다. 그들은 뉴스에 나오지 않습니다. 자연을 파괴하지 않고, 이익을 독점하거나 사람들의 요구를 이용하지 않고 식량을 생산하기 위해 땅을 일구는 농민들과 소규모 농장주들도 마찬가지입니다. 저는 하늘에 계신 우리 아버지께서 항상 여러분을 지켜보시고 소중히 여기시며 그 진가를 인정하시고 여러분의 선택을 지지하신다는 것을 알아줬으면 합니다.

좁고 위태로운 숙소에 사는 사람이나 노숙자들이 안식처를 찾기란 대단히 어려운 일입니다. 이민자들, 자유를 빼앗긴 사람들, 속박에서 벗어나기 위해 애쓰는 사람들은 또 얼마나 힘들까요! 여러분은 어려움과 고통을 덜어주기 위해 그들 곁에 머물고 있습니다. 저는 여러분이 자랑스럽고, 진심으로 감사드립니다.

기술관료 패러다임(국가나 시장이 중심에 두는)이 이번 위기나 인류의 다른 거대한 문제들에 맞서기에 충분치 못하다는 점을 정부들이 이해하길 바랍니다. 지금은 그 어느 때보다도 개인과 공동체, 국민이 중심에 있어야 하고, 치유하고 보살피고 나누기 위해 뭉쳐야 합니다.

저는 여러분이 세계화의 혜택에서 배제되었다는 것을 압니다. 여러분은 양심을 마비시키는 얄팍한 즐거움을 누리지 못하고 그 피해를 고스란히 감당해야 했습니다. 모두를 괴롭히는 질병은 여러분을 두 배로 공격합니다. 여러분 가운데 노점상, 재활용업자, 순회공연자, 소농, 건설노동자를 비롯해 다양한 분야의 상당수 돌봄 노동자가 법적 보장 없이 하루하루를 살아가고 있습니다. 비공식 부문 종사자나 국민경제의 불안정하고 독립적인 노동자는 이 어려운 시기를 견뎌낼 만한 안정적인 수입이 없습니다. 따라서 봉쇄령은 견디기 어려운 조치가 되었습니다. 지금은 여러분이 수행하는 고귀하고 필수적인 일을 인정하고 존엄성을 부여하는 보편적 기본임금의 형태를 고려할 시점이라고 생각합니다. 이는 "권리 없는 노동자는 없다"라는 인간적이고 그리스도적인 주장을 보장하고 실현할 수 있는 제도입니다.

그리고 '팬데믹 이후의 삶'에 대해 생각하기를 권합니다. 이 폭풍은 지나가겠지만, 그것이 남긴 심각한 결과가 이미 드러나고 있기 때문입니다. 여러분은 속수무책인 상태로 있는 것이 아니라 문화와 방법, 무엇보다도 특별한 효모, 즉 타인의 고통을 자신의 것으로 느끼는 능력에서 비롯된 지혜를 키워 나가고 있습니다.

우리가 열망하는 온전한 인간 발전을 위한 프로젝트에 대해 생각하기를 바랍니다. 이는 인간의 다양성 안에서 행해지는 민중의 중심적 역할과 인간이 추구하는 세 가지 T〔tierra(땅과 먹거리), techo(집), trabajo(일)〕에 대한 보편적 접근을 기반으로 합니다. 이 위기의 시기에 우리가 삶의 통제권을 되찾고, 잠자는 양심을 흔들어 깨우고, 돈의 우상숭배를 끝내면서 인간의 존엄성과 생명을 중심에 둔 인도적이고 생태적인 전환을 일으키길 희망합니다.

생산과 소비의 미친 듯이 날뛰는 리듬, 도를 넘는 사치, 소수를 위해 막대한 이윤을 부추기는 너무나 경쟁적이고 개인주의적인 우리 문명은 재고와 변화, 재생이 필요합니다. 여러분은 이 긴급한 변화의 시기에 꼭 필요한 설계자입니다. 더구나 변화의 가능성을 증언하는 여러분의 목소리에는 권위가 깃들어 있습니다. 사실 여러분은 겸손과 품위, 헌신과 노력, 연대를 통해 위기와 역경을 가족과 공동체를 위한 삶의 약속으로 변화시킨 일들을 알고 있습니다.

굳건히 투쟁하고 형제처럼 서로를 보살피십시오. 저는 여러분을 위해 기도하고, 여러분과 함께 기도합니다. 하느님 아버지께서 여러분을 축복하시고 그분의 사랑으로 채워주시고 여정을 보호해주시고 좌절하거나 실망하지 않게 하는 힘, 희망을 주시길 간구합니다.

부디 여러분도 저를 위해 기도해주십시오. 저도 기도가 필요합니다.

형제애를 담아, 바티칸에서

2020년 4월 12일, 부활절 일요일

프란치스코

3장

사람을 형성하고
사회를 구축하는 지속적 여정,
교육

교육

카를로 페트리니

내가 어렸을 때 주변 어른들에게서 교육이라는 단어를 자주(어쩌면 그 반대의 '못 배워먹은'이라는 말은 더 자주) 듣곤 했다. 우리 부모님부터 시작해 이 단어는 버릇이 없거나 지나치게 설치거나 말을 함부로 내뱉는 말썽꾸러기들에게서 세상 사는 법을 아는 아이들을 구분하기 위한 무기로 자주 사용되었다. 간단히 말해 교육을 잘 받은 착한 아이는 자기 자리를 지키고, 말대꾸 없이 시키는 대로 따르고, 가급적 집에서 문제를 일으키지 않고, 너무 떠들지 않으면서 적절한 순간에 어른들을 기쁘게 하는 말을 해야 한다. 개인적으로 항상 착한 아이에 속했다고는 말할 수 없지만 '좋은 시민'이 어떤 것인지 이해하고 구분하는 세상의 방식은 내 문화적 성장 과정에 오랜 기간 영향을 끼쳤다. 이후 나는 68세대에 속한 다른 사람들처럼 우리가 사는 권위적이고 독선적이고 보수적인 세상을 시원하게 뒤집으려면 이른바 '좋은 교육'이라는 모든 상부 구조를 청산해야 한다고 생각하던 시기를 보냈다. 지금은 많은 것이 빠르게 변화하고 있지만, 나는 교육에 대한 폭넓은 사고가 모든 사람의 미래를 설계하고 해석하는 중요한 과정이라는 사실을 그때보다 더 강하게 확신하고 있다.

1950년대의 '좋은 교육'과 씨름하던 내 어린 시절의 다소 힘겨운 경험은 제쳐 두고, 이제 교육의 개념과 그것의 기반이 되는 전제가 무엇인지 살펴보자. '공동선을 위한 교육'이라는 기치 아래 모인 개인과 협회의 네트워크 '교육하는 공동체Comunità educante'는 혁신적이고 반자본주의적인 교육관을 연구하고 심화하고 실천하는 활동을 10년 이상 펼쳐 오고 있다. 나는 이 조직의 관점과 접근법을 전적으로 지지하기에 그들이 낸 성명서의 일부를 인용하고자 한다.

"교육은 새롭고 진정성 있는 인간관계에 대한 어렵고 위험스러운 탐색을 공개적으로 지원하면서 우리가 주체와 공동체로서 자신을 형성하고 구축하게 만드는 의도적이고 통합적이고 지속적인 여정을 의미한다. 우리 시대는 학교와 가정에서 시행하는 교육을 '공식적이고 진정한' 교육으로 보고 '정규 교과 외'의 체험은 미래에 대한 보호와 지원, 증진과 투자의 기능에서 부차적인 것으로 치부하는 경향이 있다. 요지는 모든 '사회 활동'이 그 자체로 교육적이라는 의미가 아니라 개인과 공동체 형성의 과정이 모든 담화, 영역과 활동, 시공간, 내용, 주제와 대상, 규칙과

의례의 결과이자 문화 전달과 가치 증진, 이런 모든 요소 간의 무의식적인 상호작용과 관련된 기술의 산물이라는 것이다."

나는 논의의 주제를 복합적이고 포괄적으로 파악하게 이끄는 이 진술을 출발점으로 삼으려고 한다. 교육에 대한 담론은 다른 영역에서는 볼 수 없는 중심성과 광범위한 의미를 지닌다. 즉 세상의 곳곳에서 각기 다른 경향과 수준을 드러내는 주제이며, 다양한 국가 공동체에서 문화적인 문제와 얽혀 있고, 조직의 근간이 되는 진보의 개념을 적나라하게 반영할 수 있다. 사실 교육은 결정적이고 피할 수 없는 방식으로 정치에 의문을 제기하고 그것과 평행을 이루며 나아간다. 정치는 우리가 원하는 세상을 설계하고 그것을 실현할 도구들을 찾는 기술이라면, 그에 대한 고찰과 결단에서 우리가 원하는 시민상과 이를 형성하는 교육 체계가 비롯된다는 것은 분명한 사실이다.

앞서 지적한 것처럼 교육 체계는 학교로만 구성되지 않는다. 사회 전체와 문화 기구, 지역 공동체 조직, 공유 공간, 권력 구조와 갈등 관리를 통해 깊이 있게 구성된다. 그러므로 교육은 그 자체로 사회적 현상인 동시에 교육이 실행되고 발생하는 배경과 밀접하게 연관되어 있다. 그리고 시민사회는 우리를 교육하고 다른 사람들을 시민으로 교육하는 배경이자 형식이 된다. 따라서 우리가 경제, 도시, 제도를 조직하는 방식은 정치적 주제가 되고, 이는 곧 교육의 주제가 되기도 한다.

교육관과 교육 방식에 대해 이야기하려면 먼저 몇 가지 기본적인 질문에 답할 필요가 있다. 우리는 평등한 세상을 지향하는가? 우리는 협력적인 시민을 원하는가, 경쟁적인 시민을 원하는가? 우리는 연대하는 시민을 원하는가, 개인주의적인 시민을 원하는가? 순전히 기술 관료적인 체제를 원하는가, 영성도 함양할 수 있는 체계를 원하는가? 더 나아가 당면한 현실을 생각해야 한다. 부유층과 빈곤층의 격차가 갈수록 커지고, 경쟁력이 사회적 상승의 유일한 동력이 되고, 국민의 복지는 여전히 국내총생산GDP으로만 측정되는 사회에서 시민은 어떻게 해야 성장할 수 있을까? 이 모두는 교육과 관련된 근본적 질문이며, 정치적으로도 불가피한 질문이다.

게다가 전례 없는 팬데믹의 위기 상황에 처한 역사적 시기에 더 긴급한 의문이 있다. 전 세계적으로 폭발한 코로나19 전염병은 판세를 완전히 뒤엎은 채 진행되고 있지만 쉽게 식별할 수 없던 몇 가지 과정을 훨씬 더 명확하게 드러내 보여준다. 팬데믹이 불러온 보건, 경제, 사회적 위기는 현재의 발전 모델이 모두의 행복을 보장할 수 없고, 장기적으로는 지구에 사는 호모종의 생존 자체를 위협할 수 있다고 경고한다. 자연과 불균형한 관계, 경쟁과 격변의 개념에 기반을 둔 무자비한 접근은 위기 상황에 대처하는 데 필요한 사회와 공동체의 항체를 약화시켰다. 이런 현실에서 우리는 이탈리아 가수 조르조 가베르가 읊조렸던 "다른 사람들이 행복할 때 나도 행복할 수 있다"는 사실을 절감하고 있다.

이 어려운 시기에 가장 큰 대가를 치르는 대상은 가난하고 소외된 사람들이라는 것이 여실히 드러나고 있다. 이런 사실은 우리 사회의 조직 방식을 결정적으로 바꾸지 않는 한 계속될 역사의 법칙이다. 가난한 사람들은 대부분 한순간도 일을 쉬어서는 안 되는 처지에 있다 보니 경제가 완전한 역량을 발휘해야 살아갈 수 있다. 극빈층은 의료비를 지불할 능력이 없어 공공의료 지원에 의존할 수밖에 없다(한편 지난 20년 동안 국가 보건의료 체계는 이윤이라는 명분으로 민간 부문을 장려하며 공공-민간 의료를 향한 행진을 계속하고 있다). 그리고 극빈층은 늘 생활고에 시달리고 가족을 부양하는 것만도 벅차기에 자녀들의 높은 교육비를 감당할 수가 없다. 집도 직업도 없는 극빈층은 살면서 책이나 문화 행사를 접해 본 적이 없는 경우도 있다. 그들은 고용 계약이나 임대 계약, 법령, 보조금 신청 지침을 완전히 이해하지 못하는 기능적 문맹에 시달리기도 한다. 마지막으로 가장 가난한 사람들은 더 나은 삶을 찾아 조국을 떠나야 하는 운명에 처한다. 그들은 폐쇄와 불신의 시대에 '잘못된 장소'에 발을 들였다는 지탄을 받으며 범죄자 취급까지 받는다. 우리는 이 암울한 상황을 보면서 두려움을 느끼지만, 한편으로 선진 자본주의라고 불리는 현 체제의 큰 변화를 위해 일하는 것이 얼마나 중요하고 필요한지 깨닫게 된다.

빈곤은 단순히 물질적 조건이 아니라 문화적·사회적 불행과 밀접하게 얽혀 있는 경우가 많다. 교육과 훈련의 접근성이 낮은 사람들은 물질적 제약에 직면할 가능성이 훨씬 더 높다. 그 상관관계는 직접적이고 분명하기 때문에 보편적이고 평등하고 질 높은 교육에 대한 보장은 미래

인간 사회의 최우선 순위가 되어야 한다. 교육 활동은 위기에 대처하고 직장을 더 오래 유지하거나 새로운 직장을 찾는 개인의 능력과 직결된다. 그러나 사회와 시민이 어려운 상황에 처하게 될 때 가장 먼저 포기하는 것이 교육이다. 우리는 이것을 2008년 세계 금융 위기 이후로 경험했고, 지금 다시 목격하고 있다.

훈련과 교육은 자주 그리고 거침없이 고장 나는 우리 사회를 가동시키는 주요 도구다. 학력이 낮은 계층의 자녀들은 대학 교육을 받을 가능성이 절반에 불과하다. 그와 함께 저학력은 낮은 임금과 높은 실업률로 연결된다. 이는 단순하고 초보적인 관찰처럼 보이지만, 교육 정책이 운용되는 내부 상황을 살피고 정치적 선택이 미칠 수 있는 영향을 깊이 이해하게 만든다. 최근 자료에 따르면 2000년부터 현재까지 OECD 국가들은 정부와 민간의 교육비 비율에서 민간이 부담하는 지출이 꾸준히 증가했다. 학부모의 부담이 늘어나는 현실은 교육 격차를 부추기고 빈곤층 자녀의 교육 기회를 빼앗는 결과를 낳는다. 이런 경향은 모든 수준의 공공복지에서 흔히 보이는 추세를 반영한다. 즉 1960~1970년대 사회민주주의가 가속화되는 가운데 국가가 보장해야 하는 보편적인 무료 서비스가 민간에 위임되었고, 그 현상은 갈수록 심화되고 있다.

효과적인 변화를 도모하려면 철학과 정치를 동반한 새로운 사고방식으로 교육을 바라봐야 한다. 이는 다른 공익 부문도 마찬가지라고 생각한다. 교육은 일련의 기관(초·중·고등학교, 대학, 교육 단체, 종교 또는 정당 시설

등)에서 제공하는 서비스일 뿐 아니라 공동체 전체가 주인공이 되어 가장 고귀한 의미에서 지속적인 참여가 이뤄지는 과정으로 이해해야 한다. 필수적인 서비스의 보편적 보장을 기반으로 하는 포괄적이고 민주적인 정책에서 출발해야만 그런 원칙을 다양한 수준의 행동과 교육 장치로 변환시킬 수 있다. 무엇보다도 교육은 곧 정치라는 사실을 명심해야 한다. 사회와 공동체의 요구를 감안할 때 교육자와 학습자의 교육 관계에서 중립적 태도는 있을 수 없다. 불평등과 빈곤, 소외, 배제를 '자연스러운' 현상으로 여기지 않으려면 그런 측면을 분명하게 강조해야 한다. 우리는 소수의 이익을 보호하고 특권을 주기 위해 필연적으로 다수가 피해를 보는 체계에 살고 있기 때문이다.

따라서 새로운 전망을 열려면 국가와 시장, 공공과 민간이라는 이분법도 극복해야 한다. 결론적으로 우리가 지향하는 새 지평은 바로 공동선이다. 이 주제를 연구한 세계적인 이론가 우고 마테이는 공동선의 운영은 문화적 관점에서도 통합과 도약을 가져오게 한다고 분명하게 설명했다.

자산을 공동재로 관리하는 것은 공적이든 사적이든 자산을 기업이나 기관에 위임하지 않는 것이다. 다시 말해 서비스를 생산하고 보편적인 필요성을 충족하고 모두를 위한 공적 자금을 마련하는 등의 사업을 집단적으로 해결해야 한다는 것을 뜻한다. 이는 개인으로서, 공동체로서 참여하는 것이며 서비스의 품질과 포괄성, 윤리를 일상에서 점검하는 것이다. 또한 '공동의comune' 것을 돌보는 일이다. 이 아름다운 형용사의 어원은

'함께cum'와 '복무, 의무munus'가 결합한 단어로 '참여할 의무와 받을 권리'라는 정의로 요약할 수 있다. 따라서 단순한 관리 차원을 넘어 우리 모두를 최우선으로 여기는 깊은 문화 혁명을 활성화하는 자세로 이어진다.

공동선은 우리가 필요로 하는 재탄생의 주도적 역할을 해야 한다. 그기세는 의료 위기에서 경제 위기, 가장 심각한 환경 위기로 나아가야 한다. 함께 돌보고 모든 사람의 것을 같이 책임진다면 우리는 이 행성에서진정한 형제가 될 수 있다.

그렇다면 우리가 원하는 미래의 편에 서는 것이 더욱 중요해진다. 여기서 지식과 문화를 더 깊이 전달하는 과정을 체험하고, 인식의 참된 저장소를 확인하게 된다. 우리는 높은 수준의 교육기관을 말할 때 흔히 일반 대학이나 과학 기관 등을 가리키는 경향이 있다. 그러나 이것은 구전전통이나 시골 문화의 순환하는 삶의 탯줄에서 전해 내려온 인간 지식의거대한 부분을 제외시키는 환원주의적 접근이다. 그런 교육 과정은 서양에서 2차 세계대전 이후의 마지막 산업 호황으로 중단되었고, 오늘날 개발도상국 가운데 대부분의 국가가 같은 운명을 맞고 있다. 우리는 소위'제도적' 교육 과정에서 전통 지식의 거대한 유산이 차단되는 것을 용납해선 안 된다. 미래의 도전에 대처할 수 있는 시민을 양성하는 것이 교육의 임무라는 점을 생각하면 더더구나 받아들여선 안 된다. 전통 지식은지난 세기에 점점 단절되긴 했지만, 정교하고 성공적인 균형 가운데서인류가 자연환경에 적응해 온 수 세기 과정의 결실이다. 이는 대부분 구술이나 모방을 통해 전해지는 장인의 지식 같은데 예시와 일관성, 균형과 순환성에 기초한 오랜 공유 학습 과정이다. 그런 유산을 보존하려면 지식과 전달을 이해하는 방식에서 패러다임의 변화가 필요하다. 우리는 교육과 훈련 체계를 통해 도전에 맞서면서 이 탯줄을 계속 유지할 수 있을까? 만약 이 임무를 수행하지 못할 경우 우리는 우리의 문명과 정체성, 역사의 큰 부분을 잃게 된다.

현대 기술은 파종하고 수확할 시기를 예측하고 신호를 보낼 수 있지만 달의 위상과 토양의 습기, 식물의 상태를 관찰하는 노인 농부의 지혜를 따라가지 못한다. 그의 판단은 특정 장소에 대해 광범위한 지식을 바탕으로 살피기에 더 정확하다고 말할 수 있다. 3D 프린터는 어떤 물체든 완벽하게 재현할 수 있지만, 원물을 구상하고 디자인하고 개조하는 장인의 작업을 무엇이 대신할 수 있겠는가? 어떤 책도 전달할 수 없는 그런 지식은 교육과 학습을 이해하는 다양한 방법을 장려함으로써 보호받아야 한다. 우리는 한때 발전에 도움이 되지 못하는 과거의 것으로 여겨 소중한 유산들을 외면했지만, 더는 그런 실수를 반복하지 말아야 한다.

나는 유네스코(국제연합교육과학문화기구)의 최근 보고서를 읽으면서 방향이 전환되는 조짐을 느낄 수 있었다. 그 일부를 인용하면서 이 장을 마무리하고자 한다.

"우리는 개발과 관련된 모든 문제를 교육만으로 해결할 수 없지만,

교육에 대한 인간적이고 전체적인 접근은 새로운 개발 모델 달성에 기여할 수 있고, 또 기여해야 합니다. 그런 모델에서 경제 성장은 환경 자원의 책임 있는 관리, 평화와 포용, 사회 정의에 대한 관심을 통해 인도되어야 합니다. 개발에 대한 윤리적·도덕적 원칙과 인본주의적 접근은 폭력과 불관용, 차별, 소외와 싸우는 데 도움이 됩니다. 교육과 배움의 장에서 인간 존재의 다각적 차원을 통합하기 위해 공리주의와 경제주의의 편협한 시각을 극복해야 합니다."

– 교육 다시 생각하기, 유네스코 2019

학계, 학생들과의 만남[17]

프란치스코 교황

사랑하는 여러분

저는 이 순간을 여러분과 함께하게 되어 기쁩니다. 그리고 이 자리를 마련해주신 총장과 학생들에게 진심으로 감사드립니다. 대학이 없는 볼로냐는 생각할 수 없습니다. 볼로냐대학은 거의 1,000년 동안 인본주의의 연구소가 되어 왔습니다. 이곳에서 학문과의 대화가 한 시대를 열었고 도시를 형성했습니다. 그래서 볼로냐는 '학자'라고 불립니다. 학자의 도시이지만 현학적이지 않습니다. 세계 시민들을 가르치고 공동의 집, 우

---

17 프란치스코 교황의 연설. 교황 비오 6세 탄생 300주년 기념 체세나 사목 방문과 교구성체대회 폐막을 위한 볼로냐 사목 방문(볼로냐 산 도메니코 광장, 2017년 10월 1일 일요일).

니베르시타스에 속해 있다는 정체성을 잊지 않고 언제나 열려 있는 대학 덕분입니다.

'우니베르시타스universitas'는 '전체', '공동체'라는 뜻을 가집니다. 대학의 기원을 떠올리게 하는 말입니다. (기억의 함양은 너무나 소중합니다!) 학생들의 공동체가 교수 주위로 모이기 시작하면서 대학이 시작되었습니다. 대학은 두 가지 이상을 추구했습니다. 먼저 '수직적' 이상입니다. 인간은 영혼을 인식으로 끌어올리며 위로 향하려는 욕망 없이 살 수 없기 때문입니다. 다른 것은 '수평적' 이상입니다. 연구는 공통의 좋은 관심사를 자극하고 공유하면서 함께 이루어져야 합니다. 여기서 당당하게 간직해 온 보편성이 드러납니다. 여러 빛깔의 6,000개 문장이 이 사실을 증언합니다. 각각의 문장은 이탈리아 도시뿐 아니라 유럽의 여러 국가, 심지어 남아메리카에서 공부하기 위해 이곳에 온 젊은이의 가문을 나타냅니다. 여러분의 모교와 모든 대학은 사람들을 불러 모으도록 부름을 받았습니다. 멀고 어려운 환경에서 온 학생들을 환대하는 것은 좋은 신호입니다. 수 세기 동안 만남과 토론, 관계의 교차로이자 최근 에라스무스 프로그램(1987년 제정된 유럽연합의 교환학생 프로그램—옮긴이 주)의 요람인 볼로냐가 이 소명을 계속 키워 나가길 바랍니다!

이곳의 모든 것은 법학을 중심으로 시작되었는데, 이는 유럽의 대학이 시민 단체와 교회가 각자의 역할에서 기여한 인본주의에 가장 깊은 뿌리를 두고 있다는 것을 증명해줍니다. 도미니코 성인은 볼로냐의 활력, 민법과 교회법을 공부하기 위해 이곳에 모여든 많은 학생을 보고 감탄했습니다. 대학의 도시 볼로냐는 알고자 하는 학생들을 모으면서 새로운 사회의 요구에 부응할 수 있었습니다. 도미니코 성인은 학생들을 자주 만났습니다. 일설에 따르면, 성경에 대한 그의 지식에 감명을 받은 한 학생이 그에게 어떤 책으로 공부했는지 물었다고 합니다. 이 질문에 대한 성인의 대답은 유명합니다. "나는 다른 책들보다 자선의 책에서 더 많이 배웠습니다. 이 책이야말로 모든 것을 가르쳐줍니다."

사실 선에 대한 탐구는 진정한 학문을 이루는 열쇠입니다. 사랑은 인식의 보물, 특히 인간과 민중의 권리에 풍미를 내는 성분입니다. 이런 취지에서 그와 관련된 세 가지 권리를 제안하고자 합니다.

1. 문화에 대한 권리: 저는 모든 사람이 공부할 수 있는 극히 신성한 권리(세계의 여러 지역에서 젊은이들에게 그런 권리가 결여되어 있음)만 말하는 게 아니라 특별히 오늘날 문화에 대한 권리가 지혜, 즉 인간적이고 인도적인 지식을 보호하는 의미라는 사실도 언급하고자 합니다. 우리는 너무 자주 사소하고 덧없는 삶의 모델에 영향을 받아서 적은 노력으로 성공을 추구하고 희생을 하찮게 여기고 당장 구체적인 것을 주지 않으면 공부가 무

용지물이라는 생각으로 이끌립니다. 그러나 그것은 잘못된 생각입니다. 공부는 진부함에 마비되지 않고 삶의 의미를 찾기 위한 질문을 하게 합니다. 오늘날 우리는 학업을 방해하는 세이렌이 난무하지 않도록 요구할 권리가 있습니다. 오디세우스는 선원들을 흘려 난파시키는 세이렌의 노래에 맞서기 위해 배의 돛대에 자신의 몸을 묶고 동료들의 귀를 막았습니다. 한편 오르페우스는 세이렌을 매혹하기 위해 더 아름다운 노래를 불러 위기에서 벗어났다고 합니다. 이것이 바로 여러분의 중대한 임무입니다. 연구와 인식과 공유의 역동적이고 강력한 노래로 문화 소비주의의 무감각한 후렴구에 대응해야 합니다.

인생에 이런 화음을 넣으면서 진정한 문화를 수호할 수 있습니다. 최고 입찰자에게 봉사하고 분열을 부추기고 억압을 정당화하는 지식은 문화가 아니기 때문입니다. 문화는 말 그대로 인간을 양성하고 성장시키는 것입니다. 오늘날 우리를 둘러싼 많은 한탄과 소란 앞에서 괴성을 내지르는 자가 아니라 좋은 문화를 장려하는 사람이 필요합니다. 우리에게는 뱃속의 외침이 아니라 머리에 와 닿고 마음을 울리는 말이 필요합니다. 청중이 지지하는 것에 만족해선 안 됩니다. 엄청난 이기심을 숨기고 있는 분노의 연극을 쫓아가지 말아야 합니다. 교육에 열정을 바쳐야 합니다. 이는 모두의 선을 위해 각자가 최선을 '다하는 것'입니다. 인간을 일회용으로, 연구를 흥미로, 과학을 기술로 바꾸는 사이비 문화에 맞서 인간 중심의 문화, 공로를 인정하고 희생을 보상하는 연구, 상업적 목적에 휘둘리지 않는 기술, 편리만을 쫓지 않는 발전을 함께 주장해야 합니다.

2. 희망할 권리: 오늘날 많은 사람이 외로움과 불안함을 느끼고 버림받았다는 암울한 분위기에 휩싸여 살아갑니다. 그러므로 희망할 권리에 자리를 내주어야 합니다. 그것은 두려움과 증오의 말잔치에 침범당하지 않을 권리입니다. 포퓰리즘의 진부한 소리나 혼란을 조장하는 돈벌이용 거짓 뉴스의 유포에 압도당하지 않을 권리입니다. 범죄 뉴스에 합리적인 제한을 두어 자주 침묵하는 '일반적인 관심의 뉴스'도 목소리를 내도록 하는 권리입니다. 젊은이들이 미래에 대한 두려움 없이 성장하고, 인생에는 아름답고 지속적인 현실이 있기에 몰두할 가치가 있음을 알 권리입니다. 진정한 사랑은 '일회용' 사랑이 아니며, 일은 성취해야 할 신기루가 아니라 모두를 위해 지켜야 하는 약속이라고 믿는 권리입니다.

대학의 강의실이 희망을 만드는 곳, 더 나은 미래를 위해 일하고 자신과 세상에 대한 책임감을 배우는 작업장이 된다면 정말 멋진 일일 것입니다! 우리 집의 미래에 대한 책임감을 느끼게 되면 두려움이 앞서기도 합니다. 그러나 오늘날 우리가 맞는 위기는 큰 기회이자 모두의 지성과 자유에 대한 도전, 희망의 장인이 되기 위해 받아들여야 할 도전이기도 합니다. 여러분 각자는 다른 이들을 위해 앞장서서 나아갈 수 있습니다.

3. 평화에 대한 권리: 평화는 인류의 마음속에 새겨진 권리이자 의무입니다. '일치가 갈등을 이기기' 때문입니다(「복음의 기쁨」, 226항). 저는 올해 여기, 유럽 대학의 뿌리에서 통합된 유럽의 시작인 로마조약 60주년 기념 행사가 열린 것을 기억합니다. 두 차례의 세계대전과 민중을 향한 민중의 끔찍한 폭력 이후 평화에 대한 권리를 수호하기 위해 연합이 탄생했습니다. 그러나 오늘날 많은 이해관계와 적지 않은 갈등이 평화의 위대한 시각을 사라지게 만드는 것 같습니다. 우리는 불확실함에 나약해지고 큰 꿈을 꾸기에 지치고 힘든 상태입니다. 그러나 통합을 두려워하지 마십시오. 국가의 특수한 논리는 유럽 통합의 설립자들이 그린 용기 있는 꿈을 무효로 만들지 못합니다. 저는 유럽 프로젝트를 위해 목숨을 바친 문화와 신앙의 위인뿐 아니라 통합과 평화가 없었기 때문에 목숨을 잃은 수백만 명의 사람을 떠올립니다. 결코 그들을 잊어서는 안 됩니다!

100년 전 볼로냐의 주교였던 베네딕토 15세 교황은 전쟁을 '쓸데없는 학살'이라고 정의하며 일침을 놓았습니다(교전국의 수장들에게 보내는 편지, 1917년 8월 1일). 소위 '전쟁의 이유'에서 모든 것을 분리시키는 것은 많은 사람에게 모욕처럼 느껴졌습니다. 그러나 역사는 전쟁이 언제나 쓸모없는 대학살일 뿐이라고 가르칩니다. 이탈리아 헌법이 명시하고 있듯이 우리는 '전쟁을 거부'하고(제11조 참조) 평화를 지지하는 비폭력의 길과 정의의 여정을 걷도록 서로 도와야 합니다. 우리는 평화 앞에서 무관심하거나 중립적일 수 없기 때문입니다. 볼로냐 대주교를 지낸 자코모 레르카로 추기경은 다음과 같이 말했습니다. "교회는 악의 근원이 무엇이든지 간에 악에 직면하여 중립적일 수 없습니다. 교회의 삶은 중립이 아니라 예언입니다"(강론, 1968년 1월 1일). 우리는 중립이 아니라 평화의 편에 서야 합니다!

그러므로 우리는 폭력 없이 갈등을 해결하는 모두의 권리로써 평화에 대한 권리$^{\text{ius pacis}}$를 촉구해야 합니다. 이를 위해 자신의 생각을 표명해야 합니다. 다시는 전쟁하지 말고 남과 맞서지 맙시다! 타인 없이는 절대 안 됩니다! 폭력을 일으키고 군비 경쟁을 부추기고 사업으로 평화를 짓밟는 자의 이해와 음모는 종종 불분명하게 드러납니다. 이곳에서 대학은 법을 공부하기 위해, 사람들을 보호하고 공동생활을 규제하고 힘 있는 자의 폭력적이고 독단적인 논리를 막는 학문을 위해 세워졌습니다. 현재의 도전은 개인과 국민, 가장 약한 사람들, 버려진 사람들, 우리 공동의 집인 창조물의 권리를 선언하는 것입니다.

이것을 위해 싸우는 것은 소용없는 짓이고 아무것도 변하지 않을 거라고 말하는 사람들을 믿지 마십시오! 작은 꿈에 만족하지 말고 큰 꿈을 꾸십시오. 젊은이 여러분, 큰 꿈을 가지세요! 나도 꿈을 꾸지만 잠자는 동안은 아닙니다. 진짜 꿈은 눈을 뜨고 있을 때 만들어지고 햇빛 속으로 나아가기 때문입니다. 저는 여러분과 함께 기억과 용기, 건강하고 인간적인 유토피아가 되는 새로운 유럽 인본주의의 꿈을 가다듬고 있습니다. 생명을 존중하고 삶에 희망을 주는 어머니 유럽, 젊은이들이 정직의 깨끗한 공기를 마시고 문화와 소박한 삶의 아름다움을 사랑하고 소비주의의 무한한 욕망에 오염되지 않는 유럽, 결혼하고 아이를 낳는 것이 책임이자 큰 기쁨이고 안정적인 직업이 충분하게 제공되는 곳, 이런 유럽의 꿈을 새로이 다지고 있습니다. 저는 문화를 보호하고 아이들에게 희망을 주고 세계를 위한 평화의 도구가 되는 '대학이자 어머니'인 유럽을 꿈꿉니다. 감사합니다.

교육 협약 체결을 위한 메시지[18]

프란치스코 교황

사랑하는 형제자매 여러분

회칙 「찬미받으소서」에서 우리 공동의 집을 돌보는 데 협력하고 우리가 직면한 도전들에 함께 맞서자고 모두를 초대했습니다. 그로부터 몇 년이 지난 지금 지구의 미래를 구축하는 방식과 모두의 재능을 펼칠 필요성에 대한 대화에 여러분을 다시 초대합니다. 모든 변화는 새로운 보편적 연대와 더 환영받는 사회로 발전시키기 위한 교육 과정이 필요하기 때문입니다. 이를 위해 2020년 5월 14일에 '세계 교육 협약을 재건하다'라는 주제로 열리는 세계적 행사를 장려하고자 합니다. 이 행사는 인내심 있

18 2019년 9월 12일 바티칸.

는 경청과 건설적인 대화, 상호 이해가 가능한 보다 개방적이고 포괄적인 교육에 대한 열정을 새롭게 다지면서 젊은이들을 위한, 젊은 세대와의 약속을 되살리기 위한 만남입니다. 지금은 그 어느 때보다도 광범위한 교육 동맹으로 우리의 노력을 결집시켜야 할 때입니다. 우리는 분열과 반목을 극복하고 인류의 형제애를 위해 관계의 구조를 회복할 수 있는 성숙한 사람들을 육성해야 합니다.

오늘날의 세계는 끊임없이 변화하며 다양한 위기에 직면해 있습니다. 우리는 예전과 뚜렷하게 구분되는 큰 변화를 겪고 있습니다. 문화적 변화뿐 아니라 인류학적 변화를 경험하면서 역사가 물려준 패러다임을 무분별하게 버리고 새로운 언어를 만들어내고 있습니다. 교육은 고속 기술과 자동화의 소용돌이 속에 존재를 가둬 놓고 우리의 기준점을 계속해서 바꾸는 이른바 '신속화rapidación' 과정과 충돌하고 있습니다. 이런 상황에서 우리의 정체성은 일관성을 잃고, 심리적 구조는 "생물학적 진화의 자연스러운 느림과 대비되는"(『찬미받으소서』, 18항) 끊임없는 변화 앞에서 무너지고 있습니다.

변화에는 모두가 참여하는 교육 과정이 필요합니다. 따라서 우리는 다양성 속에서 개방된 인간관계의 네트워크를 다 같이 형성하는 '교육마을'을 건설해야 합니다. 아프리카 속담에 따르면 아이 한 명을 교육하려면 온 마을 사람의 관심과 노력이 필요합니다. 그 마을은 교육하기 위한 조건을 갖춰야 합니다. 올해 2월 4일 아부다비에서 알아즈하르의 대이맘과 서명한 문서에서 강조했듯이, 우선 친목하는 가운데 차별이 없어야 합니다. 그런 마을에서는 개인의 모든 요소를 통합하는 교육에 대한 국제적 합의가 더 쉽게 이루어집니다. 교육은 학업과 일상의 통합, 세대 간의 통합, 시민사회(지식과 과학, 예술과 운동, 정치, 사업과 자선의 측면을 지닌)와 교사, 학생 및 가족의 통합을 전합니다. 다시 말해 지구의 주민들과 우리가 보살피고 존중해야 하는 '공동의 집' 사이의 동맹, 종교 간 대화뿐 아니라 인류 가족 모두의 평화와 정의, 환대를 이끌어내는 동맹입니다.

이런 세계적 목표를 달성하려면 '교육 마을'을 추구하는 공동의 여정에서 중요한 발걸음을 내디뎌야 합니다. 먼저 우리는 인간을 중심에 두는 용기를 가져야 합니다. 그러기 위해 세상의 모든 것이 밀접하게 연결되어 있다는 사실을 일깨우려면 공식적이고 비공식적인 교육 과정에 영혼을 불어넣는 협약을 체결해야 합니다. 건강한 인류학을 바탕으로 경제와 정치, 성장과 발전을 이해하는 다른 방법을 찾아야 합니다. 통합 생태론의 길에서 사람과 주위 환경의 관계를 직시하며 모든 생명체의 가치를 중심에 두고, 일회용 문화를 거부하는 생활 방식이 요구됩니다.

또 다른 걸음은 창의성과 책임감으로 온 힘을 다하는 용기입니다. 현상에 구애받지 않는 장기적 교육 정책을 위해 능동적이고 자신감 있는 태도를 보여야 합니다. 그럼으로써 우리는 개방적이고 책임감 있고, 기꺼이 경청하고 대화하고 성찰하고, 가정과 세대와 시민사회의 다양한 측면과 관계 구조를 만들어내는 인재를 양성할 수 있습니다. 이는 곧 새로운 인본주의를 구성하게 합니다.

마지막으로 공동체에 봉사하는 사람들을 양성할 용기입니다. 봉사는 만남의 문화를 지탱해주는 기둥입니다. "봉사는 예수님이 사도들의 발을 씻기기 위해 무릎을 꿇은 것처럼 계산이나 두려움 없이 따뜻한 마음과 이해심으로 어려운 사람들에게 몸을 굽히고 손을 내미는 것입니다. 봉사는 가장 어려운 사람들 옆에서 일하는 것이고 무엇보다도 그들과 친밀한 인간관계, 연대감을 쌓는 것을 의미합니다"(난민 지원 단체인 로마 '아스탈리센터' 방문 중 연설, 2013년 9월 10일). 우리는 섬김을 통해 "주는 것이 받는 것보다 더 행복하다"는 말씀을 경험합니다(사도 20,35 참조).

이런 관점에서 모든 기관은 교육의 사명을 수행하는 목적과 방법을 검토할 수 있어야 합니다. 저는 다양한 방식으로 모든 수준의 교육과 연구 분야에서 일하는 모든 사람을 로마에서 만나기를 기대합니다. 여러분이 공동의 교육 협약을 통해 역사에 의미를 부여하고 더 나은 방향으로 이끄는 역동적인 변화를 위해 함께 노력하기를 권합니다. 저는 책임 있는 자리에서 젊은 세대의 미래를 걱정하는 전 세계의 공인들에게 여러분과 함께 호소할 것이고, 그들이 내 초대를 받아들이리라고 믿습니다. 그리고 청소년들도 이 자리에 참석해서 더 나은 세상을 건설하는 데 필요한 책임감을 느끼면 좋겠습니다. 이 뜻 깊은 행사는 2020년 5월 14일 로마 바티칸의 바오로 6세 강당에서 열릴 것입니다. 행사에 앞서 다양한 기관에서 관련 주제에 대한 세미나가 진행될 것입니다.

우리 함께 해결책을 찾고 과감하게 변화의 과정을 시작하고 희망에 찬 시선으로 미래를 바라봅시다. 모든 사람을 이 동맹의 주인공으로 초대하고 싶습니다. 개인과 공동체의 헌신으로 인류의 기대와 하느님의 계획에 응답하면서 연대에 뿌리를 둔 인본주의의 꿈을 다 같이 키워 나가길 바랍니다.

여러분을 기다리며, 그때까지 안부와 축복을 전합니다.

프란치스코

4장

개인과 사회,
경제와 공동체의 성장 기회,
이민

이민

카를로 페트리니

피에몬테 지역의 랑게 언덕은 사계절 내내 사람들의 눈을 즐겁게 해주는데, 가을이 시작될 무렵의 풍경은 마법을 부린 것처럼 특별하다. 빗질한 듯 가지런히 뻗은 경사지의 포도밭은 새 옷을 갈아입는다. 서서히 초록빛을 버리고 노랑, 주황, 빨강, 보라, 갈색으로 변한다. 각각의 식물은 시간과 순서에서 저마다 다른 방식으로 변화를 맞이한다. 이런 현상은 표현주의 회화에서 봄직한 색채와 음영의 무지개를 연출하는데, 이 기적은 매년 반복되면서 그 경이로움을 되살려준다. 그리고 이때는 포도 수확기이기도 하다. 일 년 동안 변덕스러운 날씨에 주의를 기울이며 정성을 다해 포도밭을 일군 노력이 결실을 보는 시기다. 그래서 활기찬 언덕은 농부와 계절노동자, 농장의 일꾼, 트랙터 기사로 북적거린다. 그들 대부분은 외국인으로 마케도니아와 알바니아, 루마니아 출신이 많으며 아프리카와 동유럽에서 온 사람도 더러 있다.

일부는 포도밭에서 일어나는 전반적인 일을 처리하기 위해 상근직으로 고용되었고, 일부는 자율관리 협동조합으로 구성되었다. 매년 8월부터 11월까지 수확을 위해서만 일하는 계절노동자도 있다. 어쨌든 변하지 않는 사실은 그들의 일손이 없다면 랑게의 포도 재배와 와인 생산은 위기에 처할 것이라는 점이다. 이런 종류의 사례는 얼마든지 있기에 그리 새로울 것도 특별할 것도 없다. 높은 곳에 위치한 목장에서 짐승들을 돌보거나 12월에 감귤류를 수확하는 사람들도 마찬가지다. 그러나 나처럼 어깨에 짐을 지고 사는 사람들은 1990년대 초반을 떠올리게 된다. 당시 이탈리아 텔레비전은 알바니아에서 온 '바지선'의 도착을 알렸다. 그 배를 가득 채운 사람들은 일자리를 구해 돈을 벌고 품위를 찾기 위해 우리 해안에 상륙했다. 그러나 이들 이민자는 두려움과 불신을 불러일으켰고, 경계의 대상이었다. 그들은 가난했는데, 가난한 사람을 본다는 것은 그렇지 않은 사람에게 꺼림칙한 일이었다. 우리도 그들처럼 될 수 있다는 무서운 생각이 들기 때문이다. 전 세계는 우리의 채소밭처럼 비옥하지 않고, 우리가 누리는 매우 사적인 번영은 모두에게 허락되지 않으며, 우리 집과 아주 가까운 곳에 있는 많은 사람이 축복받은 아드리아 해안에서 태어났다는 단순한 사실로 말미암아 얻은 우리 행운의 한 조각을 열망한다는 생각이 들기 때문이다.

그런데 우리 문화가 엄중하게 가르치는 진정한 그리스도 정신을 실천하려면 풀리아 지역의 해변에 도착한 그 가족들을 맞아들여 우리가 가진 부의 일부를 그들과 공유하는 것이 마땅했다. 결국 우리의 것을 기꺼이 나누고 싶지 않기 때문에 알바니아에서 온 가난한 사람들을 보는 것이 두려웠던 것이다.

나는 그때의 상황과 당시 우리의 순진함이 생생하게 떠오른다. 우리는 오늘날 이탈리아 경제를 이끌고 농업 부문의 주역이 된 그들을 두려워했다. 오늘날 우리의 사위, 며느리, 남편, 아내, 이웃이 되고 자녀가 다니는 학교의 학부모 대표가 되는 그들을 두려워했던 것이다.

1990년대 초반부터 잇달아 이민의 물결이 밀려왔지만, 세월이 흘러도 변함이 없는 것은 우리의 민감성이다. 이제 알바니아인이나 마케도니아인은 부유한 서유럽에서 더는 골칫거리가 아니다. 지금 경계하는 이주민의 피부는 더 어둡고 그 뿌리가 더 남쪽에서 시작되었다. 어쨌든 역학관계는 반복된다. 고통받는 인류 앞에서 우리는 종종 눈이 보이지 않고 귀가 들리지 않는다. 그러다 코로나바이러스 비상사태가 갑자기 그들에 대한 절박한 필요성을 상기시키자 몹시 당황하게 되었다. 이주노동자들이 추수철을 따라 이동하지 못하면서 농업 지역의 일손이 턱없이 부족해졌다.

고생물학과 인류학이 수십 년 동안 확인한 이론, 즉 인류가 아프리카에서 출현하여 전 세계로 퍼졌다는 이론이 사실이라면 우리는 오래된 이주자일 뿐이다. 인간의 전 역사는 집단 이동, 혼합, 움직임, 재배열의 균형 위에서 이루어졌고, 멈춤과 안정은 인간 삶의 본질을 구성한 적이 없다. 애초부터 그러했다면 왜 오늘에 와서야 문제가 되는 걸까? 우리는 매일같이 유럽의 경계선에서 갈수록 더 짙은 두려움과 폐쇄성을 드러내면서 멈출 수 없는 세찬 물길을 막으려는 시도와 국가 정체성이라는 부질없는 무기를 앞세우는 모습을 보고 있다. 여기서 진부하지만 엄연한 사실부터 짚어 보면, 부유층과 빈곤층의 불평등이 이처럼 무시무시하게 계속되는 한 번영의 만찬에서 배제된 사람들의 미래에 대한 욕구는 멈출 수 없을 것이다. 그뿐 아니라 한 단계 더 나아가야 할 것이다. 그동안 이민은 인류가 스스로 이루어 온 패러다임을 보여주었고, 모든 발전과 진보, 현대성의 주요 원동력이었다. 그런데 그 역할을 부정하며 막으려고 한다는 것은 논리에 어긋날 뿐 아니라 불가능한 일이다.

국가 정체성을 앞세우는 것도 소용없다. 정체성의 개념 자체는 반드시 교환의 개념에 기반을 둔다. 우리는 외부의 자극과 삶에서 거둬들이는 사례에 근거해 우리 자신과 가치의 척도, 원칙, 행동을 구축한다. 이렇듯 외부의 요소를 거두어 모으고 체현하는 능력은 우리의 진정한 모습을 구성한다.

내 고향인 피에몬테의 랑게 지역을 또다시 언급하는 점을 이해해주기 바란다. 이곳은 오늘날 복지와 번영을 누리고 있지만, 불과 60년 전만 해도 심각한 가난과 급속한 인구 감소, 기회 부족이라는 오명을 안고 있었다. 주민들은 고되지만 수익성이 낮은 농업을 접고 고향의 언덕을 떠나

지구의 미래

산업도시로 향했다. 인근의 토리노는 이탈리아 북부 산업의 중심지였고, 알바에서는 초콜릿 기업 페레로가 국제무대를 향해 첫발을 내디뎠다. 그럼 누가 랑게의 공동체를 지켜냈을까? 오늘날의 시선으로는 받아들이기 어렵겠지만 당시 유행했던 중매를 통해 칼라브리아 지역의 젊은 여성들이 결혼을 위해 대거 피에몬테에 도착했다. 그 여성들은 새로운 땅의 가혹함, 생소한 사투리, 남부 여자에 대한 일반적인 불신과 의심을 꿋꿋하게 견뎌냈다. 그리고 마을 전체가 사라질 위험에 처해 있던 피에몬테에 내린 한 줄기의 축복이 되었다. 오늘날 이들 가족의 아이들이 랑게와 칼라브리아의 억양이 섞인 특유의 발음을 자랑스럽게 구사하면서 교환과 혼합, 상호작용으로 이루어진 정체성을 세심하게 가꿔 나가는 모습은 놀랍기 그지없다.

지난 40년간 '세계의 축소' 과정인 세계화가 진행되었다. 이로써 지구는 갈수록 더 연결되고, 어디에 있든 실시간으로 정보를 이용할 수 있고, 인간과 상품의 이동이 계속해서 빨라지고, 의사소통이 신속하게 이루어지고 더 수월해졌다. 이는 일상에서 우리가 경험하는 명백한 현실이다. 이탈리아에서 브라질에 있는 사람과 비즈니스 영상통화를 하고, 중국 생산자에게 직접 잎녹차를 주문해 2주 이내에 집에서 받아 볼 수 있게 되었다. 또한 월요일은 로마, 화요일은 베를린, 수요일은 보스턴에서 일을 보거나 사람을 만나는 것이 지극히 자연스러운 일로 여겨진다. 우리는 지구 반대편에 사는 사람들과 매일 관계를 유지하고, 그렇게 하는 것을 당연하게 여기는 등 우리가 가진 무한한 가능성에 그리 놀라지 않는다.

이런 상황에서 우리는 불편한 주제를 터놓고 솔직하게 말하지 못한다. 상품과 자본이 쉬지 않고 계속해서 이동하기를 바라면서 왜 이민자에 대해선 법률과 규칙으로 제한하고 거부해야 한다고 생각하는 걸까? 무엇보다도 왜 그래야 하는 걸까? 대부분의 서방 국가에서 증가하는 포퓰리즘(유럽뿐 아니라 미국이나 브라질을 생각해 보라)은 이민에 대한 독설을 퍼뜨리고 있으며, 그에 대한 두려움으로 가난한 사람들 사이의 전쟁을 부추기고 있다. 그럼으로써 현상 유지, 즉 특권층이 그들의 극히 사적인 권한을 유지하도록 해준다. 이 논리의 핵심은 다음과 같다. 만약 당신이 가난하고 보수가 낮고 서비스가 없는 교외에 살면서 스트레스를 받는다면, 시립 유치원에 내 아이의 자리가 없거나 공공주택에 가족이 입주하지 못하거나 병원에서 간단한 진료를 받기 위해 몇 달을 기다려야 한다면 그것은 고소득자의 세금을 감면하기 위해 서비스를 축소하거나 대기업에 영토와 생태계 약탈의 권리를 장려하는 시스템의 문제가 아니다. 당신보다 더 가난한 사람들, 다시 말해 자신과 아이들에게 품위 있는 미래를 주기 위해 희망의 여정을 떠나는 사람들 때문이다.

이 엄청난 거짓말은 훼방을 놓는 강력한 수단이 된다. 오늘날의 이민자들, 또 내일의 누군가가 될지 모르는 손쉬운 표적을 겨냥하여 정당한 요구를 내세우는 방식이다. 그러나 좋든 싫든 전반적인 상황을 고려할 때 이주 현상은 언제나 세계 역사의 일부였고, 앞으로도 우리 일상생활의 일부가 될 것이다. 현 시기의 새로운 사실은 이민자들이 목적지 국가를 이미 알고 있고, 그들이 직면하게 될 불평등과 피해를 인식하고 있으며, 생활 조건을 개선하기 위해 무엇이든 할 준비가 되어 있다는 것이다. 그리고 우리는 윤리적으로든 물질적으로든 그것을 막을 수 없다. 그들을 막는다는 것은 부당한 행동이며 세상을 더 좋게 바꿀 수 있는 특별한 기회도 놓치게 될 것이다. 우리는 강하고 분명하게 말해야 한다. 이민자들은 개인과 사회, 경제와 공동체의 측면에서 모두에게 성장의 기회다. 그렇다면 움직이는 이런 에너지를 기쁘게 받아들이고 우리의 것과 교환하고 나누는 것이 올바른 태도다. 이렇게 할 때 미래의 유럽이 탄생할 수 있다. 그리고 그 미래는 필연적으로 모두에게 더 나은 유럽이 될 것이다.

나는 칠레의 소설가이자 환경운동가인 루이스 세풀베다와 수년간 알고 지내며 친구가 되는 행운을 누렸다. 어느 날 손님으로 초청받은 회의에서 그는 칠레 현대사의 근간으로 여겨지는 일화를 공개적으로 이야기했다. 1939년 스페인내전 당시 성인 남녀와 어린이를 포함한 2,000여 명의 정치 난민이 피레네산맥을 넘어 프랑스로 도피했고 그곳의 수용소에 갇혔다. 그들은 시인 파블로 네루다(당시 파리 주재 칠레 영사)의 주선으로 프랑스 해안에서 위니펙호를 타고 칠레로 갔다. 프랑코 정권과 나치 파시즘의 박해를 피해 길고 험난한 여정에 나섰던 것이다. 발파라이소항에 도착한 난민들은 칠레 정부와 국민의 환대를 받았고, 인민전선 정부는 그들에게 새로운 삶을 살 수 있는 기회를 주었다. 세풀베다는 그 배에서 장차 산티아고 미술 아카데미를 세우는 미래의 설립자, 국가 발전에 기여한 사업가, 뛰어난 지식인과 문학비평가, 배우와 언론인, 예술가들이 내렸다고 회상했다. 이 아름다운 이야기의 요지는 국가가 그들을 환대하지 않았다면 오늘날의 칠레 문화는 더 가난하고 제한적이었을 거라는 점이다. 나는 우리 해안에 도착한 절망적인 사람들을 그 같은 시선으로 바라봐야 한다고 생각한다. 갈수록 출산율이 떨어지고 인구가 고령화되는 유럽에서 이런 젊은이들의 에너지는 우리에게 위협이 아니라 축복이 될 것이다.

한편 서양의 관점에서만 이주 문제를 다뤄서는 안 된다. 모든 것의 출발점에서 대량 이주 현상의 주요 원인을 깊이 연구해야 한다. 그러나 논리적인 규명 작업이 공론화되지 않고 있다. 사실 이주민들의 출신 국가는 주로 19세기와 20세기에 유럽의 식민지화를 겪은 나라들이다. 약탈과 착취를 당했던 나라들은 여전히 경제 식민주의의 속박 아래 살고 있다. 외국 자본이 투기와 투자 횡포를 부리고, 다국적 기업들이 무분별하게 천연자원을 착취하고, 다른 곳에서 소비되는 상품을 생산하고, 외국 기업의 수익을 올리기 위해 값싼 노동력이 사용되고 있다. 게다가 전쟁이나 정치적 불안으로 말미암아 안정적인 삶을 영위할 수 없는 국가적 현실은 말할 것도 없다.

우리 국경에서 벌어지는 일을 이해하기 위해 간과할 수 없는 사실이 있다. 우리의 번영을 보장하는 경제 체제는 아프리카와 아시아의 넓은 지역에서 불행과 가난, 폭력을 야기하고 있다는 것이다. 우리는 세계화된 세상에서 살고 있기에 막고 분리하는 방식으로 세계의 역학을 생각할 수 없다. 모든 것이 서로 관련되고 연결되어 있기 때문이다. 이는 교황 회칙 「찬미받으소서」가 전하는 위대한 교훈이기도 하다. 오늘날 벌어지는 경제 놀이의 합계는 0점이다. 따라서 누군가 부유해지고 번영을 누리면 다른 이는 가난해지고 착취당하고 굴욕적인 삶을 살아야 한다.

나는 사려 깊고 양심적인 기자 스테파노 리베르티가 취재한 내용을 인용하면서 구체적인 사례를 제시하고자 한다. 그는 최근 이탈리아 토마토의 공급망을 조사했고, 이 자료는 다큐멘터리로 제작되어 인터넷을 통해 퍼져 나갔다. 이탈리아는 원래 북유럽과 러시아, 캐나다 등 '추운' 지역의 시장이 필요로 하는 토마토의 주요 생산국이었다. 그러나 지난 20년 동안 이탈리아의 토마토를 소비하는 주된 시장은 아프리카가 되었다. 거의 독점하다시피 했고 최근에야 중국의 위협을 받고 있다.

이탈리아에서 생산된 대량의 농축 토마토가 중앙아프리카에 도착한 순간 15년 전까지만 해도 번성했던 그곳의 토마토 생산은 실질적으로 중단되었다. 가나 사람들은 현지에서 생산된 신선한 토마토보다 이탈리아산 토마토 농축액을 더 싸게 살 수 있었기 때문이다. 여기에 큰 문제가 있다. 이탈리아의 광활한 농업 지역에서 불법 고용과 이주 노동 착취의 부끄러운 관행이 지속되고 있다. 토마토를 비롯해 다른 채소들, 감귤류의 과일 재배에서 이런 사례가 빈번하게 자행되고 있다. 계약 없이 일하는 이주 노동자들은 수확용 상자 하나에 3.5유로를 받고 있는데, 하루 종일 일하면 20유로 정도였다. 노동자들은 근로기준법의 보호를 받지 못할 뿐 아니라 종종 형편없는 식사와 임시 숙소에 대한 몫을 요구하는 감독관에게 폭력을 당하기도 한다. 이런 부조리가 이탈리아의 토마토를 경쟁력 있게 만들지만, 그것이 전부는 아니다. 저비용 노동력에 추가되는 또 다른 난관은 유럽의 농업 장려금이다. 리베르티가 보고한 자료에 따르면 토마토 생산에 대한 지역 보조금은 100kg당 35~45유로이며, 최종 제품 가격의 최대 65%를 차지한다.

이것은 동등한 경쟁이라고 볼 수 없다. 내 친구 세르주 라투슈가 지적했듯이 자유 시장은 닭장 내에서 방해받지 않고 돌아다니는 여우들이 누리는 자유에 불과한 셈이다. 그렇다면 이런 상황에서 우리는 무엇을 기대할 수 있겠는가? 가장 슬픈 역설은 (극적 위기에 처한) 아프리카의 토마토 생산 현장에서 쫓겨난 많은 노동자가 더 나은 삶을 살기 위해 유럽 해안으로 이동할 수밖에 없다는 것이다. 그리고 진입 장벽을 간신히 넘은 그들은 이탈리아의 토마토 밭에서 착취당하는 노동자로 살아간다.

그리하여 엄청난 고통과 악순환이 계속되고 있다. 이런 상황에서 어떻게 국경을 폐쇄하는 게 옳다고 말할 수 있는가? 절망 가운데서 이주하고 고통받는 인류가 어떻게 우리의 평온을 위협할 수 있겠는가? 토마토 외에도 비슷한 사례는 얼마든지 있다. 일부 곡물과 채소류의 저장식품도 마찬가지다.

우리는 자신과 세상을 바라보는 시각을 근본적으로 바꿔야 한다. 새로운 관점과 공정한 잣대로 그림 전체를 바라볼 수 있게 훈련할 필요가 있다. 올바른 연결과 인과관계를 설정해야만 실제로 어떤 일이 일어나는지 제대로 파악할 수 있기 때문이다. 그리고 이주 현상은 어떤 장벽이나 법률로도 막을 수 없다는 것을 알아야 한다. 그런 제재는 이주의 속도를 늦추고 길을 떠난 사람들에게 고통을 안겨주겠지만, 더 나은 삶에 대한 갈망과 그것을 찾고자 하는 몸부림은 결코 막아내지 못할 것이다.

마지막으로 전체 상황을 종합해 보려면 국제무대에서 또 다른 성가신 주자로 부상한 기후 변화에 대해 언급해야 한다. 과학계는 지구온난화가 위협적인 현실이고 무엇보다도 인간 행동의 결과라고 하나같이 단언하고 있으며, 우리 각자는 그 결과들을 점점 더 분명하게 인식하고 있다. 이탈리아만 해도 베네치아의 만조 현상이 갈수록 더 자주, 심하게 일어나고 있다. 그 외에도 해안의 열대성 폭풍, 전례 없는 강우, 장기간의 가뭄 등 극단적인 대기 현상을 경험하고 있다. 기후가 빠르게 변하고 있는데, 안타깝게도 이것은 좀 더 뜨거운 여름을 보내야 한다는 차원의 문제가 아니라 인류의 미래를 위협하는 심각한 문제다. 지구 전체가 살기 어려운 환경으로 변하고 있다. 급격하게 사막화가 진행되고, 이산화탄소의 주요 저장고인 해양은 더욱 산성화되고, 이상 기후 현상이 지속되는데다가 베네치아를 비롯한 해안 지역은 바다에 잠길 위험이 커지는 추세다. 위태로운 상황을 알리는 징후는 지구 곳곳에서 발견되고 있다. 그러나 내가 주목한 점은 이런 기후 변화를 일으킨 주범이 누구냐 하는 것이다. 온실가스 배출이 주요 원인 가운데 하나라면 그 책임의 상당 부분은 '개발'을 주도한 사람들에게 있다는 것은 의심의 여지가 없다. 산업혁명으로 탄생한 에너지와 가동성, 생산과 소비 모델은 그 이후 실질적인 변화 없이 유지되다가 우리를 여기까지 끌고 왔다. 화석 연료는 3세기 동안 성장과 번영의 원동력이었지만 오늘날 톡톡한 대가를 치르도록 요구하고 있다. 선진 자본주의 체제의 이점을 누리지 못한 사람들에게 그 대가를 치르라고 요구할 수는 없다. 그와 반대로 세계의 '북쪽'에서 '남쪽'으로 향하는 매우 높은 차원의 보상 체계가 마련되어야 한다.

많은 사람이 조국을 떠나고 있다. 기후 변화로 농사를 지을 수 없고, 물이 마르거나 토지가 수몰되고, 밝은 미래를 장담할 수 없기 때문이다. 2050년까지 기후 난민이 될 사람의 수는 1억 4,000만 명(세계은행에 따르면)에서 2억 명(IPCC, '기후 변화에 대한 정부 간 협의체' 보고)에 이를 것으로 추산된다. 오늘날 전 세계적으로 1억 9,000만 명의 이민자가 있는 것을 생각하면 엄청난 숫자다. 이런 수치와 예상 앞에서 윤리적 측면은 제쳐 두고라도 벽을 쌓거나 법적인 거부 장치를 내세우는 것은 결코 해결책이 될 수 없다.

그렇다면 시작점으로 되돌아가자. 이주는 계속해서 세계 역학의 일부가 될 것이고, 아마 과거보다 훨씬 더 치열해질 전망이다. 우리는 이 점을 인정하고 모두에게 살기 좋고 번영하는 세상을 만들기 위해 힘을 합쳐야 한다. 나는 이것이 정치적 행동과 상향식 발상의 초점이 되어야 한다고 여긴다. 다리를 만들고 결속력을 키우고 긍정적 교류를 장려하고 무엇보다도 더 나은 미래를 찾고자 하는 사람들을 환영해야 한다. 이런 환영은 좋은 시기에 적절한 장소에서 태어났다는 한 가지 사실로 인해 우리에게 특권으로 주어진 번영의 일부를 보상하고 공유하는 도덕적 의무다.

단지 이민만의 문제가 아닙니다[19]

프란치스코 교황

사랑하는 형제자매 여러분,

믿음은 우리에게 하느님 나라가 이 지상에 이미 신비로이 현존한다는 확신을 심어 줍니다(사목 헌장 39항 참조). 그러나 오늘날 우리는 애석하게도 여러 걸림돌과 반대 세력이 하느님 나라를 가로막고 있다는 사실을 인정하지 않을 수 없습니다. 무력 분쟁과 전면전이 끊임없이 인류를 분열시키고, 불의와 차별이 속출하고 있습니다. 또한 지역 차원뿐만 아니라 전 세계 차원에서 경제적·사회적 불균형을 극복하기란 여간 어려운 일이 아닙니다. 그런데 특히 가장 가난한 이들과 소외된 이들이 이에 대한 대가

---

19 제105차 세계 이민의 날 프란치스코 교황의 담화 (2019년 9월 29일).

를 치르고 있습니다.

경제적 선진 사회들에서는 극단적 개인주의를 지향하는 경향이 점점 커지고 있습니다. 이러한 개인주의는 실리적 사고방식과 결부되고 매체를 통해 강화되어 '무관심의 세계화'를 조장하고 있습니다. 이러한 상황에서 이민과 난민, 실향민, 인신매매 피해자들은 배척의 표상이 되어 버렸습니다. 그들은 그들의 여건에 따른 고충 말고도, 흔히 멸시당하거나 사회악의 원인으로 간주되기 때문입니다.

그러한 태도는 버리는 문화에 굴복할 때에 야기되는 도덕적 타락에 대하여 경종을 울려 줍니다. 실제로 이러한 태도가 지속된다면 육체적·정신적·사회적 안녕의 합의 기준에 못 미치는 모든 사람은 소외와 배척을 당할 위험에 놓이게 됩니다.

이러한 까닭에 일반적으로 힘없는 이들인 이민과 난민의 존재는 우리에게 하나의 초대가 됩니다. 오늘날 안락하고 풍요로운 삶에 안주해 버릴 위험에 놓여 있는 우리 그리스도인의 삶과 인류의 일부 본질적 차원들을 회복시키라는 것입니다. 따라서 이렇게 말할 수 있습니다. "단지 이민만의 문제가 아닙니다."

이민에게 관심을 기울일 때 우리는 우리 자신을 비롯하여 모든 이에게 도 관심을 기울이게 됩니다. 이민을 돌볼 때 우리 모두는 성장하게 됩니다. 이민에게 귀 기울일 때 우리는 오늘날 잘 눈에 띄지 않아서 계속 숨기고 지나갈 수 있는 우리의 일부에 대해서도 말할 수 있게 됩니다.

"용기를 내어라. 나다. 두려워하지 마라"(마태 14,27). 이는 이민만의 문제가 아니라, 우리 두려움의 문제이기도 합니다. 우리 시대의 간악하고 추한 모습들은 "'타인', 낯선 이, 소외된 이, 외국인을 향한 우리의 두려움을" 점점 키우고 있습니다. "이러한 두려움은 오늘날 보호와 안전과 더 나은 미래를 찾아 우리의 문을 두드리는 이민들과 난민들을 맞닥뜨렸을 때에 특히 두드러집니다. 이러한 만남을 미처 준비하지 못했기 때문에라도, 사실 두려움이 드는 것은 정당한 반응입니다"('두려움에서의 자유'에 관한 모임 참석자들을 위한 미사 강론, 사크로파노, 2019년 2월15일). 의심과 두려움이 든다는 사실 자체는 문제가 아닙니다. 문제는 이러한 의심과 두려움이 우리의 생각과 행동 방식에 영향을 주어 결국 우리가 옹졸하고 폐쇄적인 사람이 되고 심지어 자신도 모르는 사이에 인종 차별주의자가 되어 버릴 때입니다. 이처럼 두려움은 나와 다른 사람을 만나고자 하는 바람과 그러한 역량을 우리에게서 빼앗아 갑니다. 두려움은 주님과 만나는 기회를 나에게서 빼앗아 버리는 것입니다(2018년 세계 이민의 날 미사 강론, 2018년 1월 14일).

"너희가 자기를 사랑하는 이들만 사랑한다면 무슨 상을 받겠느냐? 그 것은 세리들도 하지 않느냐?"(마태 5,46) 이는 이민만의 문제가 아니라, 사랑의 문제입니다. 우리는 사랑의 실천으로 우리의 믿음을 보여줍니다 (야고 2,18 참조). 가장 고결한 사랑은 보답할 수도 없고 감사할 수조차 없 는 이들에게 실천하는 사랑입니다. "이는 우리가 그려 나가고픈 사회의 모습과 모든 인간 삶의 가치에 관한 문제이기도 합니다. (……) 우리 민족 들의 진보는 (……) 무엇보다도 우리의 문을 두드리는 이들을 통하여 마 음이 움직이고 감화되는 우리의 열린 자세에 달려 있습니다. 그들을 대 면할 때 우리는 우리 삶을 지배하고 속박하는 모든 거짓 우상을 깨트릴 수 있습니다. 이러한 우상들은 다른 이들의 삶과 고통에는 눈감아 버리 고 순간적인 헛된 행복을 약속할 따름입니다"(라바트 교구의 카리타스센터에 서 한 연설, 2019년 3월 30일).

"그런데 여행을 하던 어떤 사마리아인은 그가 있는 곳에 이르러 그를 보고서는, 가엾은 마음이 들었다"(루카 10,33). 이는 이민만의 문제가 아니 라, 우리 인류의 문제입니다. 유다인들에게는 외국인인 이 사마리아인이 지나쳐 버리지 않은 것은 바로 연민 때문입니다. 연민은 이성만으로 설 명할 수 없는 감정입니다. 연민은 우리 인간의 가장 내밀한 심금을 울려, 어려움을 겪는 사람을 보면 그의 '이웃이 되어' 주고자 하는 절실한 충동 을 불러일으킵니다. 예수님께서 몸소 가르쳐 주신 대로(마태 9,35-36;

14,13-14; 15,32-37 참조), 가엾은 마음이 든다는 것은 다른 이의 고통을 깨달아 곧바로 그 고통을 어루만져 주고 치유하여 그를 구하려는 행동으로 나아가는 것을 의미합니다. 연민을 가진다는 것은 그러한 온유함을 위한 자리를 마련한다는 의미입니다. 그러나 현대 사회는 흔히 이러한 온유함을 억누르라고 우리에게 요구합니다. "우리가 다른 이들에게 마음을 열 때 우리는 피폐해지는 것이 아니라 더 풍요로워집니다. 이는 우리가 더 인간다워지는 데에 도움이 되기 때문입니다. 또한 우리 자신이 더 큰 공동체의 능동적인 구성원임을 깨닫고 우리의 삶이 다른 이들을 위한 선물이라는 것을 이해하도록 도와주기 때문입니다. 나아가 이러한 열린 마음은 사리사욕이 아니라 인류의 선익을 목표로 삼게 만들어 줍니다"(바쿠의 '헤이다르 알리예프' 이슬람 사원에서 한 연설, 아제르바이잔, 2016년 10월 2일).

"너희는 이 작은 이들 가운데 하나라도 업신여기지 않도록 주의하여라. 내가 너희에게 말한다. 하늘에서 그들의 천사들이 하늘에 계신 내 아버지의 얼굴을 늘 보고 있다"(마태 18,10). 이는 이민만의 문제가 아니라, 그 누구도 배척하지 않는 문제입니다. 현대 세계에서는 엘리트 의식이 점점 더 높아지면서 배척받는 이들을 향한 잔인함도 연일 심각해지고 있습니다. 특권을 누리는 극소수 시장들의 이익을 위하여 개발도상국들의 뛰어난 천연자원과 인적 자원은 지속적으로 고갈되고 있습니다. 전쟁은 세계 일부 지역에만 해당됩니다. 그러나 또 다른 지역들은 전쟁을 일으키는 무기를 제작 판매하면서도, 정작 그러한 분쟁으로 양산된 난민들을 받아들이기 꺼려 합니다. 대가를 치르는 사람들은 늘 작은 이들, 가난한 이들, 가장 힘없는 이들입니다. 이들은 식탁에 앉지 못하고, 잔치 식탁의 '부스러기'만 차지할 뿐입니다(루카 16,19-21 참조). "'출발'하는 교회는 (……) 두려움 없이 첫걸음을 내딛고 앞으로 나아갈 수 있으며 다른 이들에게 다가가고 멀어진 이들을 찾으며 큰길에 나아가 버림받은 이들을 초대할 수 있습니다"("복음의 기쁨」, 24항). 배척으로 이루어지는 발전은 부자는 더욱 부자가 되고 가난한 이는 더욱 가난하게 만듭니다. 반면에 참다운 발전은 전 세계 모든 사람을 끌어안아 그들의 전인적 성장을 증진하며 미래 세대에게도 관심을 기울이는 것입니다.

"너희 가운데에서 높은 사람이 되려는 이는 너희를 섬기는 사람이 되어야 한다. 또한 너희 가운데에서 첫째가 되려는 이는 모든 이의 종이 되어야 한다"(마르 10,43-44). 이는 이민만의 문제가 아니라, 꼴찌를 첫째 자리에 놓는 문제입니다. 예수 그리스도께서는 우리에게 세상의 논리에 넘어가지 말라고 당부하십니다. 세상의 논리에서는 나 자신의 이득이나 내가 속한 집단의 이득을 위하여 다른 이에게 불의를 저지르는 것이 정당화됩니다. "나 먼저, 그다음에 다른 사람!"이라는 모토 대신에 그리스도인의 참된 모토는 "꼴찌가 첫째 될 것이다!"입니다. "개인주의적 사고는 이웃에 대한 무관심이 자라는 비옥한 토양이 됩니다. 이는 이웃을 순전히 경제적 측면에서 바라보게 하며 그들에 대한 인간적 관심의 부족, 그리고 결국에는 두려움과 냉소의 감정으로 이어집니다. 이러한 것들이 우리가 종종 가난한 사람, 소외받는 사람, 사회의 '꼴찌'들을 향해 보여주는 태도가 아닌지요? 우리 사회에 이러한 '꼴찌'들은 너무나 많습니다! 그들 가운데에서 저는 우선적으로 이민을 생각합니다. 그들은 고난과 고통의 짐을 짊어지고, 종종 절망적인 상황에서 평화롭고 존중받는 삶을 살 수 있는 곳을 날마다 찾고 있습니다"(교황청 주재 외교단의 신년 하례회에서 한 연설, 2016년 1월 11일). 복음의 논리에 따르면, 꼴찌가 첫째 될 것입니다. 또한 우리 자신은 그들을 섬기는 사람이 되어야 합니다.

"나는 양들이 생명을 얻고 또 얻어 넘치게 하려고 왔다"(요한 10,10). 이는 이민만의 문제가 아니라, 한 인간 전체에 관한 문제이며 모든 사람에 관한 문제입니다. 예수님의 말씀 안에서, 우리는 예수님 사명의 핵심을 알 수 있습니다. 이는 모든 이가 하느님 아버지의 뜻에 따라 충만한 생명의 선물을 얻도록 하는 것입니다. 우리는 모든 정치 활동과 계획과 사목 활동에서 언제나 사람을 중심에 두어야 합니다. 이를 위해서는 영적 측면을 포함하여 그 사람의 다양한 모든 측면을 고려하여야 합니다. 그리고 이는 모든 사람에게 적용됩니다. 모든 사람은 근본적으로 평등하다는 것을 인식하여야 합니다. 그러기에 "발전은 경제적 성장만을 뜻하는 것이 아닙니다. 발전이 올바른 것이 되려면 인간 전체와 인류 전체의 발전이 전체적인 것이라야 합니다"(바오로 6세 회칙 「민족들의 발전」, 14항).

"그러므로 여러분은 이제 더 이상 외국인도 아니고 이방인도 아닙니다. 성도들과 함께 한 시민이며 하느님의 한 가족입니다"(에페 2,19). 이는 이민만의 문제가 아니라, 하느님과 인간의 도성을 건설하는 문제입니다. 이민의 시대라고도 일컬을 수 있는 오늘날 많은 순진한 사람들이 기술과 소비주의의 발전에는 한계가 없다고 생각하는 '엄청난 기만'의 피해자가 되고 맙니다(「찬미받으소서」, 34항 참조). 그 결과, 그들은 좌절될 수밖에 없는 기대를 품고 '낙원'을 향한 여정을 시작합니다. 그들의 존재는 때때로 불편하게 느껴질 수도 있지만, 다수의 착취 위에서 소수만이 혜택을 누리는 발전 신화의 실상을 폭로하는 데에 이바지합니다. "우리는 이민과 난민에게서 우리가 해결해야 하는 문제만을 보는 것이 아니라, 환대하고 존중하고 사랑해야 하는 형제자매를 알아보아야 하고, 다른 이들도 그렇게 할 수 있게 도와야 합니다. 이민과 난민은 우리가 더욱 정의로운 사회, 더욱 완벽한 민주주의, 더욱 단결된 나라, 더욱 형제적인 세상, 그리고 복음에 따라 더욱 열린 그리스도인 공동체를 만들어 가는 데에 이바지하도록 하느님께서 우리에게 마련해 주신 기회입니다"(2014년 세계 이민의 날 담화).

사랑하는 형제자매 여러분, 현재 이민이 제기하는 도전들에 대한 우리의 응답은 다음의 네 동사로 요약할 수 있습니다. 곧 '환대하기, 보호하기, 증진하기, 통합하기'입니다. 그러나 이는 이민과 난민에게만 해당되는 것이 아니라, 생존의 벼랑 끝에서 살아가고 있는 모든 이에 대한 교회의 사명을 표현하고 있습니다. 이들에게는 환대와 보호와 증진과 통합이 필요합니다. 우리가 이 네 가지를 실천한다면 하느님과 인간의 도성을 건설하는 데에 이바지하고, 모든 사람의 온전한 인간 발전을 증진하게 될 것입니다. 또한 우리는 세계 공동체가 세운 지속 가능한 발전의 목표에 더욱 가까이 다가가는 데에 도움이 될 것입니다. 환대와 보호와 증진과 통합을 위한 노력 없이는 이 목표를 달성하기 어려울 것입니다.

한마디로, 중대한 현안인 이민 문제는 그저 이민만이 아니라 우리 모두, 인류 가족의 현재와 미래가 달려 있는 문제입니다. 그리고 이민, 특히 가장 힘없는 이들은 우리가 '시대의 징표'를 읽을 수 있도록 도와줍니다. 그들을 통하여, 주님께서는 우리를 회개로 부르십니다. 우리가 배척, 무관심, 버리는 문화에서 벗어나라고 부르십니다. 그들을 통하여 주님께서는 다시 한번 우리가 그리스도인의 삶을 온전히 실천하고, 각자의 고유한 소명에 따라 하느님의 계획에 더욱더 맞갖은 세상을 건설하는 데에 기여하라고 초대하십니다.

이러한 희망이 담긴 기도 안에서, 여정의 성모님이신 동정 마리아의 전구를 통해서 하느님의 풍성한 축복이 세상의 모든 이민과 난민 그리고 그들의 여정을 동반하는 모든 이에게 가득하기를 간구합니다.

바티칸에서

2019년 5월 27일

프란치스코

5장

함께 잘사는 세상을
꿈꾸게 하는 시민의 공간,
공동체

공동체

카를로 페트리니

2017년 봄, 프란치스코 교황 회칙 「찬미받으소서」의 발표 2주년을 맞아 슬로푸드 운동 본부와 리에티 교구, 다양한 배경과 소속을 지닌 시민들은 회칙의 핵심인 통합 생태론의 정신을 일상에서 실현하기 위해 행동을 취해야 한다고 생각했다. 계속해서 악화되는 환경과 점점 닳고 취약해지는 사회 구조의 상황에서 보편적이고 강력한 문서를 중심으로 각계각층의 다양한 사람이 모여 공동의 행동과 참여의 길을 모색해야 한다는 절박함이 있었다. 그리고 개인의 행동을 구체적으로 바꾸고 시민 공존과 생태적 접근의 다른 모델을 주장하고 일상의 작은 실천을 통해 새로운 패러다임의 발기인이 되려는 시민들이 자발적으로 모여들었다.

그리하여 '라우다토 시' 공동체가 탄생하게 되었다. 현재 이탈리아와 다른 나라들에서 서서히 확산하고 있는 이 공동체는 떠들썩한 뉴스나 이슈를 내세우기보다는 우리 공동의 집을 보호하기 위해 영토를 찬찬히 살피면서 긍정적이고 적극적인 시민 활동을 펼치고 있다. 그들은 계층과 종교와 정치를 초월한 자유로운 통합을 바탕으로 구성되었다. 나는 이 운동의 초창기에 행동의 근간이 되는 조직체의 명칭을 두고 고민하던 때를 기억한다. 우리는 한참 동안 어떤 이름이 가장 적절할지 고민했다. 위원회, 자발적 집단, 협회……. 그러다 마지막에 '공동체'로 정했고, 이후 구체적인 활동 계획을 고찰하면서 우리의 명칭이 그렇게 될 수밖에 없었다는 점을 깨달았다.

오늘날 과도하게 구조화된 조직은 심각한 위기를 맞고 있다. 가장 분명한 사례는 정당이지만, 다양한 운동 단체와 협회들의 사정도 별반 다르지 않다. 기존의 단체는 계층과 구성원의 자격, 참석에 기반을 둔 고정된 구조로 운영되었다. 현재 조직의 위기는 능동적인 참여의 문제와는 다르다. 오늘날 시민들은 자신이 옳다고 생각하는 명분을 향해 적극적으로 움직이며, 직접 거리로 나가 주도적으로 행동할 준비가 되어 있다. 과거와 다른 점이 있다면 이따금 큰 물결을 일으키며 거국적으로 전개되는 사회적 운동에 확고한 의지로 합류하지 않는다는 것이다. 이런 현상은 최근 진영과 상관없이 자주 목격된다. 이탈리아의 경우에는 오성운동(Movimento 5 Stelle, 시사풍자 코미디언 베페 그릴로가 2009년 10월 4일 창당한 정당으로 '오성五星'은 이 운동이 추진한 다섯 가지 이슈인 공공 수도, 지속 가능한 이동성,

개발, 접속 가능성, 생태주의를 나타냄—옮긴이 주)이 예전에 볼 수 없던 속도로 합의에 도달했지만 똑같이 빠른 속도로 지지율이 떨어졌다. 프랑스의 노란 조끼 운동과 유럽 이외의 다른 나라들에서 일어난 대중 운동도 마찬가지다. 비록 이상적인 열성 추종자를 잃지는 않았지만, 조직원 수가 계속 감소하고 있다. 그렇다면 이처럼 해체와 유동성의 현실에서 무엇이 여전히 사람들을 모으고 지속적으로 참여를 유도할 수 있을까? 우리는 시민 공존의 새로운 모델을 추구하는 사회적 맥락에서 공동체로 향한다. 공동체라는 개념 자체가 넓은 의미에서 인간 집단의 발전을 위한 두 가지 근본적 가치를 구현하기 때문이다.

먼저 경쟁 사회에서 협력 사회로 전환할 필요성을 나타낸다. 이런 의미에서 공동체는 개념적 반전을 가져올 수 있는 유일한 차원이다. 지난 한 세기 동안 지배 담론은 경쟁력을 중심점으로 삼게 하는 강제적 설득 작업을 성공적으로 수행했다. 시장의 경제 분석에서부터 우리의 상상력을 식민지화하고(세르주 라투슈의 말을 인용하면) 개인적이고 사회적인 행동을 경쟁 구도로 이끌었다. 우리는 문화적·지식적·기술적 도구로서 발전에 이바지하도록 엄격하게 교육을 받았는데, 이는 직업적 성공과 개인적 성취, 사회의 인정을 가장 먼저 달성하는 것을 목표로 한다. 그리고 다른 사람들보다 더 잘 수행해야만 그 목적을 이룰 수 있다는 믿음이 고착화되었다. 지나친 경쟁은 불안과 좌절, 지속적인 무능감과 허무함을 유발한다. 프란치스코 교황이 「찬미받으소서」에서 언급했다시피 우리는

'일회용 문화'를 생산하는 사회적 불안의 소용돌이 가운데서 살고 있다. 이런 현실에서 오늘날 우리가 이룬 모든 성공은 2000년대 초에 지그문트 바우만이 소개한 사회학적 범주들을 다시 받아들이면서 내일의 우리보다 더 잘할 수 있는 사람들에 의해 위협받고 있다. 이 불안한 가치 체계를 해소하는 것은 새로운 인본주의와 생태적이고 진보적인 변화를 맞이하고 모든 시민이 유망한 세계상을 그리기 위해 필요한 전제라고 할 수 있다. 이는 매우 느리고 복잡한 과정으로, 어린 시절부터 우리에게 주입된 가치 체계를 해소하기란 쉬운 일이 아니기 때문이다. 그러므로 매일의 작은 변화에서부터 시작해 개인의 성공을 유일한 기준으로 삼지 않고 보편적인 인간 실현에 적합한 공동체 구조를 재건하려는 노력이 필요하다. 우리가 쌓아서 지금까지 견고하게 지속해 온 정신적 장벽을 극복하고 도약하는 것이 어렵기 때문에 공동체는 서서히 성장한다. 때때로 우리는 가능한 다른 세상을 떠올리기가 어렵고, 그것을 제안하는 사람은 자신의 환상을 현실화시킬 수 없는 불치의 몽상가나 순진한 사람으로 그려질 위험이 있다. 그러나 공동체는 다른 모델이 가능할 뿐 아니라 이미 우리 가운데 널리, 활기차게 퍼져 있다는 것을 보여준다.

다른 한편으로 공동체는 정서적 지성과 엄격한 무정부 상태가 자연스럽게 적용되고 실행되는 배경이 된다. 나는 이 개념을 여러 차례 표명했는데, 공동체의 진정한 기반이자 생태 공존의 새로운 지평이라고 생각하기 때문이다. 정서적 지성은 우리가 각자의 개성을 존중하며 공동의 길에 참여하는 운명 공동체의 일부라는 사실을 느끼게 한다. 이렇게 되면 경쟁의 개념이 무너지고, 순위와 성과만 쫓는 사회적 불안 대신 '정서적 안정'이 자리하게 된다. 정서적 지성은 개인주의와 가장 엄격한 합리성이 지배하는 소비주의 사회의 규칙에서 벗어나게 해준다. 공동체는 형제애를 실천하기 때문에 구성원이 실수하더라도 내치지 않고 포용한다. 한편 공동체는 공동의 계획으로 드러나는데, 그것은 외부에서 훼손할 수 없는 관계와 친목의 네트워크다. 게다가 공동체는 모든 구성원을 위한 번영과 복지를 추구한다. 이는 필연적으로 공동체의 집단행동이 지향하는 중요한 지점이며, 정확하게는 정서적 지성이 촉구하는 바다.

공동체의 또 다른 축인 엄격한 무정부 상태는 위계적이거나 경직되지 않은 조직을 지탱하고 공동의 안녕을 저해하지 않으면서 개인적 성취를 가능하게 한다. 그리고 개인의 성향을 지지하면서 집단의 성장 계획으로 받아들이고 경쟁의 원칙을 배제한다. 현대 사회에서 구조화된 조직의 위기는 불가피한데, 공동체는 엄격한 무정부 상태를 실천하기에 그에 대한 타격이 없다. 공동체의 일원은 그곳에서 수행하는 역할에 종속되지 않으며, 미리 설정된 계층에 속하지도 않는다. 개인의 현존과 헌신으로 참여가 이뤄지고 협력과 토론을 통해 계획을 구상한다. 조직은 유동적이며 개인이 특정 시간에 제공하는 공헌과 요구에 따라 변화한다. 이는 최근에 식물생리학자 스테파노 만쿠소가 발표한 '식물 민주주의' 개념과 상통한다. 뇌에서 유기체의 모든 활동을 엄격하게 조정하는 동물식 운영을 중단하고, 조직의 모든 부분이 생성하고 재생하면서 중심에 의존하지 않고 집단의 복지에 기여하는 식물의 모델을 수용하는 것이다.

2,000년 동안 위계와 하향식 조직의 상징이었던 기관의 최고 대표와 대화하면서 조직의 유동성에 대한 담론을 나누는 것이 역설적으로 보일 수 있다. 그러나 공동체는 시대와 지역을 초월해 모든 종교에서 조직의 일부였다. 오늘날 새로운 공동체들이 도약을 시도할 수 있는 것은 가톨릭교회 내에서도 변화의 힘이 세차게 솟구쳐 오르기 때문이다.

살아오면서 이런 유형의 다양한 공동체를 직접 경험하는 행운을 누렸다. 나는 모로코 에사우이라의 여성들을 떠올린다. 1980년대 초 그들은 여성을 보조자로 격하시킨 뿌리 깊은 가부장적 사회경제 체제를 해체하기 위해 모이기 시작했다. 그리하여 생산된 아르간오일은 오늘날 모로코 남부 농업의 대표 상품이 되었으며, 수천 명 여성의 해방과 성장을 가능하게 만들었다. 무자비한 경쟁이 아닌 상호 부조와 협동 체제에 기반을 둔 경제는 망각과 소멸로 치닫던 부문에 새바람을 불러일으켰다. 이는 단지 경제적 진보에만 국한되지 않는다. 여성들이 모여 구성한 공동체는 그 지역의 사회문화적 맥락을 근본적으로 변화시켰고, 그때까지 의사결정 과정에서 완전히 배제되었던 다수의 주민에게 대표성과 권위를 보장하는 민주적 규율을 정립했기 때문이다. 이 새로운 조직 형태는 생산자와 공동생산자의 협의체를 기반으로 하는 전 세계 슬로푸드 운동 본부의 사업에도 영감을 주었다.

한편 이탈리아에서는 볼로냐의 포르노 브리사Forno Brisa 빵집을 성공적인 사례로 들 수 있다. 이 빵집은 천연 효모로 건강한 빵과 파생 상품을 생산하고, 주변에 시민 공동체를 형성하려는 네 청년의 발상에서 시작되었다. 개업하고 몇 년이 지난 뒤 청년들은 사업을 확장하고 생산에 투자하기 위해 공모주를 모집했다. 농산물 공급과 빵 제조를 총괄하기 위해 곡물 재배용 토지를 따로 사들이는 등의 투자 계획을 세웠다. 이에 시민들의 공동체는 적극적인 반응을 보였고, 몇 달 만에 투자에 필요한 큰 자금을 마련할 수 있었다. 어떤 은행도 이런 계획에 돈을 빌려주지 않았을 테지만, 공동체에서 현실적인 수단을 찾고 신뢰와 신용을 확인할 수 있었다. 이런 사례들은 무엇보다도 정치와 경제에서 새로운 전망을 제시한다. 사람들은 그 어느 때보다도 '좋은 친구'를 필요로 하고, 자신이 공동의 번영과 복지를 위한 사업의 일원이라고 확신한다. 이런 확신은 불가능하다고 여겨졌던 많은 일을 이루게 하고, 무엇보다도 공동체의 일원이 되는 자격은 누구에게나 주어진다. 이 새로운 전망은 팬데믹으로 어려운 시기임에도 대안을 마련하도록 해준다. 매우 심각한 경제적·사회적 위기와 역경도 지원 네트워크가 있거나 강력한 집단적 소속감이 있거나 혼자가 아니라면 헤쳐 나갈 수 있다.

우루과이의 전 농민 대통령 호세 '페페' 무히카는 어느 날 인터뷰에서 다음과 같이 말했다. "나는 살아가는 데 필요한 모든 것이 있기에 가난하지 않습니다. 가난하다는 것은 가진 게 없다는 의미가 아니라 공동체 밖에 있다는 것입니다. 나는 그렇지 않습니다." 부와 가난의 차이에 대한 그의 생각에 동의한다. 고독 속에서는 번영도 복지도 무의미하기 때문이다.

한편 공동체는 국가와 사회, 경제와 민족적 친화력을 넘어서는 힘을 지닌다. 2013년 시리아 내전이 절정에 달했을 때 집이 파괴된 수천 명의 주민은 국제기구가 마련한 난민 수용소로 피신해야 했다. 당시 테라 마드레 네트워크는 훌륭한 연대의 사례를 보여주었다. 레바논 활동가들에서 시작해 공동체의 역량이 총동원되었고, 즉각적인 행동과 대처로 난민 가족들을 유럽으로 데려올 수 있었다. 이들 가족 가운데는 소년 알리의 가족도 있었는데, 그는 이후 테라 마드레 공동체가 수여한 장학금으로 이탈리아 폴렌초의 미식과학대학에서 공부할 수 있는 기회를 얻었다. 이 것은 개인의 관심사를 넘어 조건 없는 연대를 실천하고 위기에서 창의적 해결책을 모색하는 공동체의 엄청난 힘을 보여준다. 물론 알리의 이야기는 고통의 바다에서 건져 올린 물 한 방울에 불과하지만, 우리는 모든 가정이 가치 있으며 작고 하찮은 노력일지라도 세계적인 맥락에 영향을 미친다는 사실을 잊어서는 안 된다.

마지막으로 공동체는 방법론적이고 정치적 도구인 대화를 이끈다. 대화의 힘은 20세기의 대표적인 가톨릭 지성인 로마노 과르디니가 보여주었고, 프란치스코 교황과의 담화에서 언급되었다. 대화는 사고의 발전을 꾀하고 교착 상태를 극복하는 방법이다. 또한 대화는 권력의 남용과 부정을 막고 더 높은 수준에서 다각도로 해결책을 모색하도록 해준다. 공동체는 대화를 통해 이론을 정교화하고 정치적 관점에서 선두에 나설 수 있다. 라우다토 시 공동체는 결성 이후 큰 동원력을 발휘하며 그런 역할을 세 차례 수행했다. 첫 번째 행동은 2018년 7월에 심각한 플라스틱 문제를 제기한 것이었다. 이 사안은 세상을 바꾸기 위한 일상 행동의 변화를 촉구하면서 환경운동과 넓은 의미에서 생태적 행동주의에 중대한 영향을 미쳤다. 두 번째는 2019년 7월 아마존 환경 문제에 대한 인식을 시작으로 삼림 벌채가 지구 생태계의 균형에 큰 위협으로 작용한다는 점을 강조했다. 이 캠페인은 나무를 심고 다시 숲을 가꾸는 시민들의 참여를 이끌어내면서 적어도 이탈리아에서는 큰 반향을 불러일으켰다. 마지막이자 세 번째 활동은 2020년 7월, 수자원 관리와 물 사용이라는 우리 시대의 또 다른 중요한 문제에 총력을 기울였다. 코로나19 비상사태로 물리적 활동을 펼치지 못했지만, 그 문제에 대한 논의가 인터넷을 통해 다양한 공동체로 빠르게 퍼져 나갔다.

이처럼 개인과 집단의 능동적 변화가 필요한 활동에서 공동체의 대화와 참여 방식은 결정적 역할을 한다. 소규모 공동체에서 정교하게 다듬어진 주제는 사회적 차원의 관심과 개인의 실천 모두에서 중요한 반향을 불러일으켰다. 요컨대 '공동체 실천'은 우리가 몰두하는 자본주의와 개인주의가 자연스럽고 불가피한 현상이 아니라 그것을 이용하는 이해 당사자들이 수 세기에 걸쳐 구축한 문화적 패권의 결과일 뿐이라는 사실을 드러내 보여준다. 우리는 서로 다른 두 세계를 앞두고 있다. 하나는 갈등과 경쟁(선과 악을 평가하는 도구이기도 한)으로 치닫는 세계다. 다른 하나는 협력과 공유, 정서적 지성을 바탕으로 하는 세계다. 이런 이분법적 기준은 개인과 집단행동의 모든 영역과 관련되며, 경제적 측면에서도 분명하게 반영된다. 한편에는 인간에 의한 인간 착취와 무분별한 천연자원 채취에 열중하는 약탈적 터보자본주의가 있고, 다른 한편에는 모든 생명체(그들을 수용하는 행성과 불가분의 관계에 있는)와 함께 인간을 중심에 두는 공동재와 관계재의 경제가 있다. 이 같은 현실에서 공동체는 우리의 생각에 완전한 자치권을 부여하고 다 같이 잘사는 방법을 궁리하고 다른 세상을 꿈꾸게 하는 시민의 공간이 된다.

유럽 (다시) 생각하기[20]

프란치스코 교황

존경하는 추기경 주교단,

정부 당국,

신사 숙녀 여러분

저는 '유럽 (다시) 생각하기' 회담의 마지막 순간에 참여하게 된 것을 기쁘게 생각합니다. 이 자리는 유럽연합주교회의위원회COMECE가 장려하는 유럽 프로젝트의 미래에 대한 그리스도교의 공헌입니다. 먼저 위원회 의장인 라인하르트 마르크스 추기경과 안토니오 타야니 유럽의회 의장에

20 유럽연합주교회의위원회가 교황청 국무원과 공동으로 주최한 '유럽 (다시) 생각하기' 회담에서 발표된 프란치스코 교황의 연설(바티칸 시노드 강당, 2017년 10월 28일 토요일)이다.

게 인사를 전합니다. 앞서 내게 표한 경의에 감사드립니다. 그리고 이 중
요한 토론에 적극적으로 참여해주신 모두에게 깊은 감사를 표합니다. 고
맙습니다!

이번 며칠간의 회담은 교회, 정치, 학계의 여러 인사와 시민사회 전반
에서 참여한 덕분에 다양한 관점에서 유럽의 미래에 대해 폭넓게 성찰할
기회를 가질 수 있었습니다. 젊은이들은 그들의 기대와 희망을 제시하
면서 연장자들과 공유하고, 연장자들은 자신의 성찰과 경험의 보따리를
풀어냈습니다. 이번 회담은 무엇보다 개방적이고 자유로운 대결의 정신
으로 대화하기 위해 마련되었다는 점에서 의미가 있습니다. 이는 서로
를 풍요롭게 하고 유럽의 미래, 즉 우리가 겪는 위기를 극복하고 우리를
기다리는 도전에 맞서기 위해 모두가 부름 받은 길을 밝히기 위한 대화
의 자리입니다.

유럽의 미래를 위한 그리스도교의 임무를 논하는 것은 수 세기 동안
신앙으로 풍성하게 가꾸어 온 이 땅에서 오늘날 그리스도인으로서 우리
의 책임을 생각한다는 의미입니다. 유럽이 점점 더 다양한 문화와 종교
의 얼굴을 띠고, 많은 사람에게 그리스도교가 멀고도 낯선 과거의 요소
로 인식되는 시대에 우리는 어떤 책임감을 가져야 할까요?

개인과 공동체

고대 문명의 황혼기에 로마의 영광(오늘날에도 우리가 여전히 감탄하는)이 폐허가 되고 새로운 민족들이 제국의 국경을 넘나들 때 한 청년이 시편 구절을 읊조렸습니다. "삶을 갈망하고 좋은 날들을 보려는 이는 누구인가?" 베네딕토 성인은 『수도 규칙서』의 서문에서 이 질문을 던지면서 그의 동시대와 우리 시대에 그리스-로마 전통과 근본적으로 다르고, 침략을 일삼는 야만인들의 폭력적 시각과 더더욱 다른 인간의 개념을 제시했습니다. 인간은 그저 한가로이 살아가는 시민이 아니고, 시대의 권력을 섬기는 병사가 아니며, 자유를 잃고 고된 노동에 시달리는 노예가 결코 아닙니다.

베네딕토 성인은 사회적 지위나 재산, 권력에 관심이 없었습니다. 그는 지위와 상관없이 삶을 갈망하고 좋은 날들을 열망하는 모든 인간의 공통된 본성에 호소합니다. 성인에게 중요한 것은 역할이 아니라 사람이고, 형용사가 아니라 명사입니다. 이는 바로 그리스도교가 지니는 근본적인 가치 중 하나입니다. 즉 신의 형상으로 창조된 인간을 지각하는 것입니다. 이 원칙은 이후 유럽 대륙의 인간, 문화, 종교, 경제 재탄생의 요람이 되는 수도원 설립으로 이어졌습니다.

오늘날의 유럽에서 그리스도인이 할 수 있는 첫 번째이자 아마도 가장 큰 임무는 유럽이 숫자나 제도가 아닌 사람들로 이루어져 있다는 사실을 상기시키는 일일 것입니다. 안타깝게도 우리는 어떤 문제가 숫자 토론으로 축소되는 일을 자주 목격하곤 합니다. 시민은 없고 투표만 있습니다. 이주자는 없고 시민권의 할당량만 있습니다. 노동자는 없고 경제 지표만 있습니다. 가난한 사람들은 없고 빈곤선만 있습니다. 따라서 인간의 구체적 현실은 더 편리하고 마음 편한 추상적 원리로 전락하고 맙니다. 이렇게 된 이유는 분명합니다. 인간이 지닌 본성은 현실적이고 효과적이고 '개인적인' 책임을 강제합니다. 숫자는 유용하고 중요한 사고 체계이지만 영혼이 없습니다. 인간의 현실에 무심하고 실제로 관여하는 법이 없습니다.

무엇보다 타인이 사람이라고 인식한다는 것은 나와 그의 결합을 가치 있게 여긴다는 의미입니다. 한 인류라는 사실은 우리를 다른 사람들과 연결시키고 공동체를 이루게 만듭니다. 그러므로 그리스도인이 유럽의 미래에 할 수 있는 두 번째 임무는 공동체에 대한 소속감을 회복하는 것입니다. 유럽 프로젝트의 창시자들이 차츰 윤곽을 드러내는 새로운 정치적 주체로 공동체를 꼽은 것은 우연이 아닙니다. 공동체는 우리 시대의 전형적인 개인주의와 서양에 만연한 고독 속의 삶을 다스리는 가장 좋은 해독제입니다. 자유의 개념은 잘못 해석되어 마치 모든 관계에서 벗어나

혼자 있을 권리인 것처럼 보입니다. 그 결과 사회는 소속감과 과거의 유산 없이 기반이 흔들리고 있습니다. 개인적으로 볼 때 이는 심각한 문제입니다.

그리스도인들은 그들의 정체성이 다른 무엇보다도 관계에 있다는 것을 인식합니다. 그들은 한 몸인 교회의 지체로 들어가고(1코린토 12,12 참조) 각자는 고유의 정체성과 특성을 지닌 채 공동 건설에 자유롭게 참여합니다. 이와 유사한 현상은 대인관계와 시민사회 영역에서도 나타납니다. 우리는 다른 사람들과의 교류를 통해서 자신의 자질과 결함, 강점과 약점을 알게 됩니다. 다시 말해 자신의 본성과 정체성을 이해하게 됩니다.

가정은 최초의 공동체로, 이 발견의 가장 근본적 장소입니다. 그 안에서 다양성은 강화되고 일치를 이룹니다. 가정은 남성과 여성의 차이가 조화롭게 결합되는 곳입니다. 구성원이 많을수록 삶과 타인에게 마음을 여는 더 진실하고 깊은 관계가 만들어집니다. 이와 마찬가지로 시민 공동체는 타인에게 문을 열고 개인의 다양성과 재능을 받아들이고 새로운 삶과 발전, 노동과 혁신, 문화를 창출할 때 살아있습니다.

그러므로 개인과 공동체는 유럽의 기반입니다. 우리는 그리스도인으로서 그 기반을 다지길 원하고 힘을 보탤 수 있습니다. 그리고 건물을 구성하는 벽돌은 대화와 포용, 연대, 발전, 평화입니다.

대화의 장

대서양에서 우랄산맥, 북극해에서 지중해에 이르는 유럽 전체는 오늘날 진솔하고 건설적인 대화의 장이 되는 기회를 놓쳐선 안 됩니다. 그 안에서 모든 참가자는 동등한 존엄성을 지닙니다. 우리는 모든 수준에서 만나고 토론할 수 있는 유럽을 건설하도록 부름을 받았습니다. 그런 유럽은 어떤 의미에서 고대 아고라를 연상시킵니다. 폴리스의 광장이었던 아고라는 경제 교류의 공간인 동시에 모두의 복지를 위한 법이 논의되던 정치 활동의 중심지였습니다. 한편 광장에 솟은 신전은 빠르고 일시적이고 덧없는 일상의 수평적 차원 너머를 바라보게 하는 초월적 분위기를 내뿜고 있었습니다.

이것은 사회 형성에 있어 일반적으로 종교가 지니는 긍정적이고 건설적인 역할에 대해 성찰하도록 이끕니다. 예를 들어 나는 유럽에서 종교간 대화가 그리스도인과 무슬림 사이의 상호 이해를 증진하는 데 도움이 된다고 생각합니다. 유감스럽게도 여전히 유행하는 일부 세속주의적 편견은 사회에서 종교의 공적이고 객관적인 역할의 긍정성을 인식하지 못하고 단지 사적이고 감상적인 영역으로 격하시키려고 합니다. 따라서 국제회의에서 종교적 정체성을 확인하는 것이 그 기구와 지도권에 대한 위협으로 간주하는 생각이 우세합니다. 이는 결국 종교의 자유에 대한 권리와 다른 기본적 권리 사이에 인위적인 갈등을 조장하고 두 가지 권리를 분리시켜 생각하도록 만듭니다.

어떤 형태로든 대화를 장려하는 것은 정치의 기본자세입니다. 그러나 우리는 정치가 갈등 세력 간 충돌의 장으로 변질되는 것을 너무 자주 목격합니다. 대화는 없고 주장과 요구만 난무합니다. 시민들은 여러 측면에서 더는 공동선이 주된 목표가 아니라는 생각을 하고, 이런 인식은 갈수록 더 커집니다. 그리하여 많은 나라가 극단주의와 포퓰리즘에 비옥한 토대를 제공합니다. 그들은 건설적인 정치 계획의 대안을 제시하지 않고 항의를 정치 메시지의 핵심으로 삼습니다. 그리고 대화는 시민 공존을 위협하는 헛된 적대감으로 대체되거나 진정한 민주주의를 제약하고 방해하는 정치권력의 지배권으로 대체됩니다. 전자는 다리를 파괴하는 것이고, 후자는 벽을 세우는 일입니다. 그리고 현재 유럽은 두 가지 모두를 경험하고 있습니다.

그리스도인은 특히 정치적 대화가 위협받고 갈등이 만연한 곳에서 대화를 이끌어 나가야 합니다. 그리고 정치가 권력의 점령지가 아니라 공동선에 봉사하는 장이 되어 존엄성을 회복하도록 힘써야 합니다. 이를 위해서는 적절한 훈련이 필요합니다. 정치는 '즉흥적 기술'이 아니라 공동체를 위해 희생하고 헌신하는 개인의 숭고한 표현이기 때문입니다. 지도자가 되려면 연구와 훈련, 경험이 필요합니다.

포용적 환경

지도자들은 유럽이 깊은 오해에서 벗어나 포용적인 공동체가 되도록 정진해야 합니다. 포용은 차이를 평준화하는 것이 아니라 차이의 가치를 인식하고 공동의 풍요로운 유산으로 받아들이는 것입니다. 이런 관점에서 이민자들은 짐이 아니라 소중한 자원입니다. 그리스도인은 "너희는 (……) 내가 나그네였을 때에 따뜻이 맞아들였다"(마태 25,35)는 예수님의 말씀을 진지하게 묵상해야 합니다. 특히 난민들과 망명자들의 비극 앞에서 그들이 정치나 경제, 종교 논리에 따라 우리 마음대로 환영하거나 거절할 수 없는 사람들임을 잊어서는 안 됩니다.

이것은 '통치의 적절한 미덕, 즉 신중함'으로 이주 문제를 관리해야 하는 모든 정부 당국의 의무에 위배되지 않습니다. 당국은 열린 마음으로 사회적·경제적·정치적 수준에서 이민자들을 완전히 통합하는 가능성을 제공할 수 있어야 합니다. 우리는 이민 현상이 무분별하고 규제되지

않은 과정이라고 여겨선 안 되며, 무관심과 두려움의 벽을 세워서도 안
됩니다. 그리고 이민자들은 그들을 받아들인 국가의 문화와 전통을 배우
고 존중하고 새로운 환경에 동화되는 중대한 책임을 소홀히 해서는 안
됩니다.

연대의 공간

포용적인 공동체를 위해 노력하는 것은 연대의 공간을 구축한다는 의미
입니다. 공동체가 된다는 것은 우리가 서로를 지탱한다는 의미이기에 일
부만 부담과 특별한 희생을 감내하고 나머지는 그들의 특권적 지위를 지
키는 일에 안주하며 살 수 없습니다. 위기에 직면한 유럽연합이 단순히
소규모 이익 단체의 집합이 아니라 스스로 지탱하고 돕는 단일 공동체라
는 의식을 회복하지 못한다면 역사상 중요한 도전이자 미래를 위한 큰
기회를 놓치게 될 것입니다.

우리는 연대라는 단어를 잊고 지낼 때가 많습니다. 그리스도교 관점
에서 연대는 이웃에 대한 사랑에서 비롯되고(마태 22,37-40 참조), 성숙한
공동체의 생명선입니다. 연대는 보충성의 원리에서 유럽 국가와 지역 간
의 관계에만 국한되지 않습니다. 연대의 공동체가 되는 것은 노약자부터
실업자까지 사회경제 체제에서 버림받은 취약 계층과 빈곤층을 돌보는

것입니다. 동시에 세대 간의 협력과 상호 지원을 회복하는 것입니다.

1960년대 이후로 전례 없는 세대 간 갈등이 지속되고 있습니다. 새로운 세대에게 유럽의 위대한 이상은 퇴색되고, 전통보다 배반이 낫다는 불신이 팽배해 있습니다. 전통과 기성세대에 대한 거부감은 극적인 불모의 시대로 이어졌습니다. 인구통계에서 드러나듯 유럽의 저출산 문제로 많은 생명이 태어날 권리를 거부당하고 있을 뿐 아니라 젊은이들이 미래에 맞설 물질과 문화적 도구를 물려주지 못할 상황에 처해 있습니다. 유럽은 일종의 기억력 결핍 상태에 빠져 있습니다. 연대의 공동체로 돌아가는 것은 현재를 풍요롭게 하고 후세에 희망적인 미래를 물려주기 위해 과거의 가치를 재발견하는 것입니다.

한편 많은 젊은이는 뿌리도 전망도 없이 "가르침의 온갖 풍랑에 흔들리고 이리저리 밀려다닙니다"(에페 4,14). 때때로 그들은 자신의 책임을 다하려고 애쓰는 소유욕이 강한 어른들의 '포로'가 되기도 합니다. 이런 현실에서는 교육의 역할이 매우 중요합니다. 교육은 기술적이고 과학적인 지식을 제공할 뿐 아니라 무엇보다도 인간의 온전한 완성을 증진하고 사회의 선과 보다 인간적인 세상을 건설하는 데 이바지할 수 있어야 합니다. 이를 위해서는 사회 전체의 참여가 필요합니다. 교육은 부모와 학교, 대학, 종교와 시민 단체의 적극적인 참여가 필요한 공동의 과제입니다. 교육이 제대로 이루어지지 않으면 문화는 발전하지 못하고 공동체의 삶은 시들어 버립니다.

발전의 원천

공동체로 거듭나면 유럽은 분명 자신과 전 세계를 위한 발전의 원천이 될 것입니다. 개발은 교황 바오로 6세가 규정한 의미로 이해되어야 합니다. "진정한 발전은 통합적이어야 합니다. 이는 각 개인과 전체 인간의 증진을 목표로 한다는 의미입니다. 다음은 저명한 전문가의 올바른 지적입니다. '우리는 경제와 인간을 분리할 수 없고, 발전으로 전개되는 문명과 발전을 분리할 수 없습니다. 우리에게 중요한 것은 사람, 즉 각 개인과 인간 집단 그리고 인류 전체입니다.'"

일은 인간의 발전에 기여하고 인간의 존엄성과 성장에 필수적 요소입니다. 우리는 일이 필요하고 적절한 노동 조건도 필요합니다. 지난 세기에 그리스도인 기업가들은 사업 성공의 관건이 무엇보다도 고용 기회와 적절한 근로 조건을 제공하는 능력에 달려 있다는 확실한 사례를 보여주었습니다. 이런 기업 정신을 회복해야 합니다. 이것이야말로 사람보다 이익을 앞세우고 빈곤과 실업, 착취와 사회적 불안을 퍼트린 영혼 없는 세계화, '구형' 세계화의 폐단을 바로잡는 해결책이기 때문입니다.

특히 청년층에게 구체적인 일의 중요성을 피력해야 합니다. 오늘날 많은 사람이 한때 중요했던 분야의 직업을 기피하는 경향이 있습니다. 그 직업이 인간의 발전에 얼마나 필요한 것이었는지를 잊고 수익성이 낮고 고된 일이라고만 생각하기 때문입니다. 노동으로 식량을 생산하는 사람들의 헌신이 없다면 우리는 어떻게 살 수 있을까요? 옷을 만들고 집을 짓는 사람들의 인내와 창조적 노력이 없다면 우리는 어떠할까요? 필수적인 많은 직업이 지금 무시당하고 있습니다. 그러나 그것은 사회적 관점에서 꼭 필요한 일이고, 특히 노동자들은 일상의 헌신을 통해 자신과 다른 사람에게 도움이 된다는 자부심을 갖고 있습니다.

정부는 건전한 기업가 정신과 적절한 고용 수준을 장려하는 경제적 여건을 조성해야 합니다. 그리고 가정과 교육에 대한 투자를 시작으로 시민 공동체 전체의 조화롭고 평화로운 발전을 가능하게 하는 선순환 구조를 활성화시켜야 합니다.

평화의 약속

마지막으로 유럽의 그리스도인은 평화의 약속을 제기해야 합니다. 이는 로마조약의 주역들이 집중한 주제였습니다. 두 번의 세계대전과 민중을 향한 민중의 끔찍한 폭력 이후, 평화에 대한 권리를 확인할 때가 왔습니다. 이것은 포기할 수 없는 권리입니다. 그러나 오늘날에도 우리는 평화가 취약한 선이고, 특수한 국가적 논리가 유럽 창시자들의 용감한 꿈을 위협하는 것을 종종 봅니다.

평화를 이루는 사람들(마태 5,9 참조)은 내부의 긴장을 없애고 전 세계의 유혈 사태와 분쟁을 끝내고 고통받는 사람들을 구호하기 위해 애씁니다. 이와 더불어 평화의 문화를 조성하기 위해 힘써야 합니다. 그러려면 진실을 사랑하고 정의를 추구해야 합니다. 진실은 진정한 인간관계를 가능하게 하고, 정의는 공동체가 올바른 방향으로 나아가게 합니다.

평화를 위해서는 새로운 발상이 필요합니다. 유럽연합은 희망을 잃지 않고 시민들의 요구와 기대에 부응하기 위해 거듭나고 충실한 평화의 일꾼이 되어야 합니다. 100년 전 1차 세계대전의 가장 극적인 현장 가운데 하나인 카포레토 전투가 벌어졌습니다. 이는 우스꽝스러운 정복을 위해 수많은 사상자를 낸 소모전의 정점이었습니다. 그 사건에서 우리는 자신의 자리에 숨어 있으면 결국 패배한다는 것을 배웁니다. 그렇다면 지금은 참호를 파야 할 때가 아니라 발전과 평화의 미래를 공유하는 공동체, 통일되고 조화로운 유럽의 꿈을 온전히 이루기 위해 용기 있게 나서야 할 때입니다.

유럽의 영혼이 되다

존경하는 내외 귀빈 여러분

「디오그네투스에게 보낸 편지」의 저자는 "영혼이 육체에 있듯, 그리스도인들은 그같이 세상에 존재합니다"라고 말합니다. 우리 시대에 그리스도인들은 공간을 차지하기 위해서(이는 개종주의일 것임)가 아니라 사회에 새로운 역학을 일깨우기 위해 유럽에 활력을 불어넣고 양심을 되살리도록 부르심을 받았습니다. 이것은 바로 베네딕토 성인이 한 일이었고, 바오로 6세가 그를 유럽의 수호자로 선언한 것은 마땅한 일입니다. 성인은 방황하고 혼란스러운 세계에서 공간을 차지하려고 하지 않았습니다. 신앙에 이끌려 수비아코의 작은 동굴 너머로 내다보았고 유럽의 면모를 새롭게 바꾸는 막강하고 억제할 수 없는 움직임을 만들어냈습니다. '평화의 전령, 통합의 실현자, 문명의 스승'이신 베네딕토 성인은 오늘날의 그리스도인에게 신앙에서 샘솟는 기쁨의 희망이 세상을 바꿀 수 있다고 알려줍니다. 감사합니다.

주님이 우리 모두를 축복하시고, 우리의 일을 축복하시고, 우리 민족과 가족, 젊은이와 노인, 유럽을 축복하시기를 기도합니다.

전능하신 천주 성부와 성자와 성령께서는 여기 모인 모든 이에게 강복하소서.

감사합니다.

정말 감사합니다.

'라우다토 시' 공동체 포럼에 보내는 메시지

프란치스코 교황

라우다토 시 공동체 2차 포럼의 주최자와 참가자들에게 진심 어린 인사를 드립니다. 이번 포럼은 2016년 8월 이탈리아 중부를 강타한 지진으로 큰 피해를 입고 가장 많은 희생자가 발생한 아마트리체에서 개최되고 있습니다.

제 마음속에 항상 머물고 있는 아마트리체에 모여 우리 '공동의 집'을 파괴하는 불균형의 주제를 논하는 것은 희망의 표시입니다. 아직도 끔찍한 비극의 기억과 시작조차 더딘 재건 사이에 사는 많은 형제자매에게 친밀감의 표시일 뿐 아니라 환경 파괴의 대가를 혹독하게 치르는 대상이 가난한 자들이라는 사실을 분명하게 알리려는 의지의 표현입니다.

환경에 가해진 상처는 무방비 상태의 인류에게 가해진 냉혹한 상처입니다. 저는 회칙 「찬미받으소서」에서 다음과 같이 썼습니다. "인간이 새로워지지 않으면 자연과 새로운 관계를 맺을 수 없습니다. 올바른 인간학 없이는 생태론도 있을 수 없습니다"(118항).

작년에 지구의 숨을 막는 플라스틱 문제를 다룬 이후, 현재 여러분은 아마존과 그곳에 사는 사람들의 심각하고 위급한 상황에 대해 성찰하고 있습니다. 그래서 올해 10월에 열리는 범아마존 지역에 대한 주교 시노드, 최근 발표한 의안집의 주제에 깊은 관심을 기울일 것입니다.

아마존의 상황은 지구의 많은 지역에서 일어나는 슬픈 현실을 반영합니다. 즉 정의보다 이익을 앞세우는 맹목적이고 파괴적인 사고방식과 자연에 대한 인간의 약탈적 태도를 분명하게 보여줍니다. 사회 정의와 생태론은 서로 깊이 연관되어 있다는 점을 잊지 마십시오! 아마존에서 벌어지는 일은 세계적 차원으로 영향을 미칠 테지만, 이미 영토를 빼앗긴 수천 명의 사람이 자신의 땅에서 이방인이 되는 좌절을 겪었으며 문화와 전통이 피폐해지고 영토와 민족을 결합하던 천년의 균형이 깨졌습니다. 이런 파멸 앞에서 인류는 계속 무관심한 방관자로 있을 수 없으며, 교회도 침묵할 수 없습니다. 교황 바오로 6세가 회칙 「민족들의 발전」에서 강조했듯이 가난한 이들의 외침은 교회의 입을 통해 울려 퍼져야 합니다.

리에티 교구와 슬로푸드 운동 본부, 라우다토 시 공동체가 추진하는 사업은 회칙에서 제시하는 가르침을 전파할 뿐 아니라 새로운 삶의 방식을 장려합니다. 이런 실천적 관점에서 나는 여러분에게 세 가지 단어를 제안하고 싶습니다.

영광송

창조의 선, 특히 창조의 정점인 인간의 선과 그 수호자 앞에서는 찬양의 자세가 필요합니다. 경이로움과 어린아이의 눈으로, 우리를 둘러싸고 우리도 그 일부가 되는 수많은 아름다움에 감사할 수 있어야 합니다. 찬미는 묵상의 열매이고, 묵상과 찬미는 존경으로 이어지고, 존경은 창조물과 창조주 앞에서 공경이 됩니다.

성찬

세상과 그 구성원에 대한 성체적 태도는 모든 생명체가 지닌 선물의 가치를 인식할 줄 아는 것입니다. 만물은 우리에게 거저 주어졌습니다. 약탈당하고 사라지기 위해서가 아니라 함께 나누는 선물이 되기 위해서입니다. 모두를 위한 것이기에 그 기쁨이 더 커지는 선물입니다.

금욕

모든 형태의 존경은 금욕적 태도, 즉 더 큰 선과 다른 사람을 위해 무언가를 포기할 줄 아는 능력에서 비롯됩니다. 금욕은 어디든 숨어 있는 약탈적 태도를 공유의 자세로 바꾸고 생태적이고 공손하고 존중하는 관계가 되도록 돕습니다.

나는 라우다토 시 공동체가 밝은 미래를 기약하고, 모든 생명체의 선과 '하느님의 더 큰 영광을 위하여 ad maiorem Dei gloriam' 아름다움과 완전성을 지키는 새로운 삶의 싹을 틔우기를 바랍니다.

진심으로 감사하고 축복합니다. 저를 위해 기도해주십시오!

바티칸에서
2019년 7월 6일
프란치스코

감사의 글

제가 고맙게 여기는 분들이 이 책뿐 아니라 '라우다토 시' 공동체의 활동과 발전을 위해서도 도움을 주셨습니다.

먼저 이번 담화가 성사되도록 힘써 주고, 공동체의 경험을 나눠준 리에티의 주교 도메니코 폼필리의 우정에 고마움을 느낍니다. 원고의 교정과 교열, 편집을 담당한 리날도 라바와 로베르타 마찬티, 프란치스코 교황님의 문서를 검토하고 선별한 줄리아 롬바르도 피졸라에게 감사를 표합니다.

끝으로 마리아 루이자 보카치와 전국에서 라우다토 시 공동체를 위해 일하는 활동가들에게도 감사 인사를 전합니다.

카를로 페트리니

지구의 미래

2022년 4월 5일 1판 1쇄 인쇄
2022년 4월 12일 1판 1쇄 발행

※ 교회인가 : 2022년 2월 18일 천주교 의정부교구청장 이기헌 베드로 주교

지은이 | 카를로 페트리니
옮긴이 | 김희정
펴낸이 | 이종춘
펴낸곳 | [BM] ㈜도서출판 성안당
주소 | 04032 서울시 마포구 양화로 127 첨단빌딩 3층(출판기획 R&D 센터)
　　　 10881 경기도 파주시 문발로 112 파주 출판 문화도시(제작 및 물류)
전화 | 031)950-6367
팩스 | 031)955-0510
등록 | 1973.2.1. 제406-2005-000046호
출판사 홈페이지 | www.cyber.co.kr
투고 및 문의 | andpage@cyber.co.kr
ISBN | 978-89-315-8609-1　03300
정가 | 15,000원

이 책을 만든 사람들

책임 | 최옥현
기획·편집 | 김수연, 이보람
디자인 | 김효정
국제부 | 이선민, 조혜란, 권수경
영업 | 구본철, 차정욱, 나진호, 이동후, 강호묵
마케팅 | 박지연
홍보 | 김계향, 이보람, 유미나, 서세원
제작 | 김유석

&page 는 ㈜도서출판 성안당의 단행본 출판 브랜드입니다.

■도서 A/S 안내